REPUTAÇÃO

UM EU FORA DO MEU ALCANCE

CLÓVIS DE BARROS FILHO
LUIZ PERES-NETO

HarperCollins

Rio de Janeiro, 2019

Diretora editorial: Raquel Cozer
Gerente editorial: Renata Sturm
Editora: Diana Szylit
Preparação: Renata Lopes Del Nero
Revisão: Letícia Lima e Bonie Santos
Capa, projeto gráfico e diagramação: Felipe Rosa

Dados Internacionais de Catalogação na Publicação (CIP)
Angélica Ilacqua CRB-8/7057

B277r
Barros Filho, Clóvis de
Reputação : um eu fora do meu alcance / Clóvis de Barros Filho e Luiz Peres-Neto. — Rio de Janeiro : HarperCollins, 2019.
192 p.

ISBN: 978-85-9508-495-7

1. Ética 2. Filosofia 3. Reputação 4. Valores I. Título II. Peres-Neto, Luiz

CDD 170
19-0328 CDU 17.022.1

HarperCollins Brasil é uma marca licenciada à Casa dos Livros Editora LTDA.
Todos os direitos reservados à Casa dos Livros Editora LTDA.
Rua da Quitanda, 86, sala 218 — Centro
Rio de Janeiro, RJ — CEP 20091-005
Tel.: (21) 3175-1030

www.harpercollins.com.br

SUMÁRIO

PREFÁCIO 7
APRESENTAÇÃO 9
ADVERTÊNCIA 11
TITUBEANTES GUARDA-SÓIS FINCADOS NA AREIA 18
DA MATERNIDADE À COVA 22
O CHINÊS E O PARAGUAIO 29
O EU FORA DO MEU ALCANCE 36
SABE O DJANIR? O CARLÃO NÃO TEM NADA A VER! 44
MATAR, MENTIR E MENTA 51
ALGORITMO DA MORAL 62
A VACA E SUA ÉTICA 69
RESPINGAR D'ÁGUA FORA DA BACIA 75
CUNHADO 6.0 82
FEZES PELO MUNDO 88
DEPRESSIVO & ARREPENDIDO 99
NA HORA DE FALAR ME EMBANANEI TODO 112
ABACAXI COM CASCA E TUDO 117
BOM DE BOLA. PROFETA. E AMIGO. 123
NOS INCLUÍRAM FORA DESSA 132
O PROFESSOR DO JÔ 139
INÚTEIS, SEMPRE; ILUDIDOS COM A VIDA, NUNCA!!! 147
MONSIEUR TOUT LE MONDE 158
EU TE AMO CALADO... XI, FALEI! — CONSIDERAÇÕES FINAIS 172
REFERÊNCIAS 187

PREFÁCIO

PARA LER E ENTENDER

Clóvis de Barros Filho é um velho amigo. Já fomos juntos a Milão conversar com o grande Umberto Eco. Tínhamos saído de Paris, onde participávamos de um evento. Minha tarefa era convencer o italiano a vir ao Brasil dar uma palestra. Ofereci, como intermediário, um caminhão de dinheiro. Ele recusou. Alegou que não teria paciência para suportar os jornalistas brasileiros. O papo foi bom. Bebemos cerveja no bico e fomos com Eco pegar uma beira num coquetel. Uma beleza. Na viagem, Clóvis, como sempre, exibiu seu francês perfeito e os amplos conhecimentos de filosofia. Que memória! Que cultura! Um *show*.

Grande orador, palestrante de primeira linha, um dos mais valorizados do país, professor escolado, pesquisador calejado, são-paulino cheio de títulos e lembranças, fiel às amizades, mesmo com torcedores do Internacional, de tantos confrontos, como eu, Clóvis me deu a honra de prefaciar este seu livro sobre reputação. O que encontrei? O que o leitor vai encontrar? O melhor estilo Clóvis de Barros Filho em capítulos feitos sob medida para cada um. Ou seja, filosofia com humor, leveza, sabedoria, muita informação, erudição, temáticas pertinentes à vida do século XXI e provocações capazes de fazer pensar. Quem pagar pelo livro jamais recorrerá ao Procon.

Em algum momento da vida, Clóvis teve uma iluminação, uma dessas sacadas que mudam o destino de alguém: percebeu que podia transformar sua imensa cultura em comunicação. Na contramão do academicismo que exige linguagem obscura e hermetismo conceitual, resolveu falar e escrever para ser compreendido. Como é craque na retórica, começou a dar um banho. Quando fala, o público se mija de rir e sai abastecido, renovado, entusiasmado, mais culto e mais interessado em aprender e em se conhecer. Não raro alguém exclama: "Nossa! Então filosofia pode ser assim!". Há gozo na recepção do profundo apresentado em tom informal.

Reputação tem capítulos mais ou menos curtos, frases curtas, ideias que se estendem para além das linhas, interpelações longas e profundas, elucidações que se apresentam sem fazer alarde. É reflexão à maneira dos gregos antigos, conversa na praça, na rua, no jardim, no pórtico, andando, parado, questionando, ironizando, armando o laço, preparando o terreno para o desvelamento: quem vem primeiro, o indivíduo ou a sociedade? Em que momento, se momento houve, a turma se reuniu para costurar do jeito que deu o contrato social? A ética é um atributo do ser ou do agir? É nesse ritmo sinuoso que a banda toca.

A gente vê o autor em ato, o intelectual em cena, o amigo do saber chamando para um dedo de prosa na boa. Ele gesticula, ri, brinca, acena, aplaude, critica, conforta e faz a bola rolar. Como dizem os franceses em relação a certos jogadores de futebol ou a certa função em campo, ele é o *meneur de jeu*: o condutor, o criador, o articulador, o camisa dez criativo que faz a passagem da defesa para o ataque com elegância e eficácia. A bola fica com o leitor. A prorrogação é bem-vinda. Clóvis de Barros Filho e Luiz Peres desfiam conceitos, amarram perspectivas e, como quem não quer nada, fazem filosofar.

Juremir Machado da Silva

APRESENTAÇÃO

PARA RIR E REFLETIR

Luiz Peres-Neto é um novo velho amigo. Já fomos juntos a Durban, na África do Sul, apresentar um *paper* no congresso de comunicação da International Association for Media and Communication Research (IAMCR). Aproveitamos para visitar o estádio onde a seleção brasileira de futebol jogou (e perdeu) a Copa do Mundo em 2010. Também fizemos um safári pela região, menos perigoso que os bares da Golden Mile em que tomamos uns tragos nas noites livres do evento.

Mas, assim como Juremir Machado da Silva e Clóvis de Barros Filho, também tínhamos nos encontrado em Paris, anos antes. Coincidentemente, em outro congresso da IAMCR — eu era, então, redator de propaganda e estudava a publicidade da *Belle Époque*, e Luiz avançava em seu doutorado na Universidade Autônoma de Barcelona. Nos divertimos muito nessas duas viagens, Luiz com seu espanhol perfeito e seus amplos conhecimentos de ética — iniciados na Escola de Comunicações e Artes da Universidade de São Paulo (ECA/USP), no mesmo departamento onde ele conheceu Clóvis e eu conheci os dois.

Tivemos outras aventuras, menos etílicas e mais acadêmicas, mas igualmente intensas, que me deram a certeza de estar diante de um jovem e talentoso pesquisador, um estudioso do consumo midiático contemporâneo, um frequentador das reuniões do partido comunista da Catalunha, um solidário companheiro no programa de pós-graduação em comunicação e práticas de consumo da Escola Superior de Propaganda e Marketing (ESPM). Lá, lecionamos juntos disciplinas cascudas, participamos de comissões pedagógicas, escrevemos artigos para um anuário espanhol de reputação corporativa, prestamos serviços de — pasmem! — assessoria semiótica para corporações brasileiras poderosas, pobres de nós...

Formamos uma dupla apoiada no afeto mútuo, que se fortaleceu quando nos tornamos pais (ele, pela primeira vez; eu, pela segunda). Mas, neste livro, você vai se encontrar com outra dupla, muito melhor: Clóvis e Luiz são os responsáveis pelas páginas inspiradoras, irreverentes e originais a seguir.

Aliás, antes de trabalhar com Luiz, atuei junto a Clóvis na ECA/USP e também no mesmo programa de pós-graduação da ESPM, coordenado à época por ele, até que se desligou e, como disse Juremir, foi filosofar Brasil afora. Depois de um processo seletivo exaustivo, eis que Luiz se fez merecedor de sua vaga. E aí fomos para Durban e tal...

Antes, porém, Luiz cursou relações públicas na ECA, onde eu já era professor, e corria, como mestre de cerimônias de dezenas de eventos, para inaugurar sua reputação no campo. De lá para cá, publicou várias obras, entre as quais *Éticas em rede: políticas de privacidade e moralidades públicas* e agora este *Reputação*, que, tenho certeza, você vai apreciar por vários motivos: pelas metáforas, pelos exemplos sugestivos (não sou o João a que os autores aludem em vários capítulos) e, sobretudo, pelas tiradas espirituosas — que, certamente, são de ambos, como Borges e Bioy Casares, que, depois de escreverem as *Crônicas de Bustos Domecq*, não se lembravam de quais linhas haviam partido de um, quais de outro.

Enfim, eis um livro que comprova quanto somos inúteis, se não temos amigos, sejam eles novos ou velhos.

João Anzanello Carrascoza

ADVERTÊNCIA

Você, ainda na livraria, acaba de tomar este livro nas mãos. Decidiu tirá-lo da estante. Onde se encontrava justaposto a tantos outros. E folheá-lo. Hábito de muitos leitores antes da eventual aquisição. Passou pela capa. Talvez tenha sido atraído por ela. Pelas palavras impressas, projeto gráfico, cores... não temos muita ideia. Mas já se vão algumas linhas. E você parece insistir.

Um apaixonado pelo tema, quem sabe. Com apreço pela produção conceitual. Ou tão somente impactado pelo que tem visto por aí. Gente conhecida sendo detonada em segundos. Com violência intensa e concentrada. Seja qual for o seu caso, não podemos saber daqui por que você ainda está aí. De pé. Com este livro aberto. Perturbando a circulação. Alheio a tudo à sua volta.

Não importa. É para você mesmo que estamos escrevendo. Alguém remotamente inclinado a passar algumas horas lendo sobre o que se pensa e se diz a respeito de alguém ou de alguma instituição. Por isso fomos logo anunciando na capa o mais importante. Se o tema central é reputação, esse também é seu título.

"Que falta de imaginação! Mais simplório, impossível!", você insinua na intimidade.

Assinamos embaixo. Não poderíamos concordar mais. No lugar do vocábulo seco e óbvio, um outro título que apenas sugerisse o tema. Por que não? Que fizesse pensar, sem explicitá-lo. Dando a você, leitor, a chance de fazer suas associações. Cogitamos essa solução. E, em tempestade cerebral, fomos arriscando o que nos surgia na mente. "Mal dito", "Você é do caralho", "Centrífuga da imagem", "Identidade perdida", "A lama da moral", "Não ligue para o que dizem", "Tô nem aí" e tantos outros.

Sabemos que você seria capaz de identificar, com facilidade e algum gozo intelectual, sobre o que estamos divagando a partir de uma mensagem menos direta. Iniciativa certamente aplaudida pelos nossos editores. Que poderiam ter agregado um tempero comercial mais agressivo desde a primeira exposição ao produto.

No entanto, se optamos por destacar no título o tema do livro é por acreditar na sua força. E na sua relevância. Que dispensa toda pirueta mercadológica para um consumo afoito. Ciladas de facilitação enganosa. Armadilhas de senso comum que fazem da familiaridade com os termos a garantia de um entendimento dócil e relaxado.

O leitor sabe bem que todo ganho de repertório e de competência intelectiva exige algum esforço. Para ir além do que já é. Em alargamento custoso de horizontes. Pela vinculação pelejada de novas referências às vigas de sentido já estabelecidas. Para tanto, poderá contar conosco. Na singeleza assumida dos nossos propósitos. Na simplicidade declarada de nossos alicerces. Na humildade inevitável de nossas intenções.

Por isso advertimos: o texto que segue não busca abrigo nesta ou naquela área específica de conhecimento. Tampouco nas instituições autorizadas a produzi-los e divulgá-los. Portanto, nada de filosofia ou sociologia. Muito menos de ciências da comunicação.

Os autores, nas páginas que seguem, fogem de toda filiação. Nem filósofos, nem cientistas. Nada de legítimo, pomposo ou consagrador. Talvez por acreditar que sem ser isso ou aquilo — e sem ter que se comportar segundo tal rótulo — seja possível viver um pouco mais. Liberto das amarras de toda essência ou definição.

Deixamos, assim, as alcunhas mais nobres e as identidades mais dignas de reverência para os que, de fato, sabem muito. Ou, apenas, acreditam nisso.

* * *

A reputação é um tema que interessa. Porque o que pensam e dizem a nosso respeito nos afeta. E muito. Alguns dão de ombros. Garantindo com ênfase não se deixarem atingir. Se a indiferença fosse real, não se dariam ao trabalho desse esclarecimento.

Por isso o investimento é grande. Lutamos por abastecer o mundo de informações que possam garantir opiniões favoráveis sobre nós. E tirar de circulação o que compromete. Esse esforço, no entanto, garante muito pouco. A reputação é uma produção social. Não nasce nem se altera pelas vontades individuais. Por maior que seja o empenho.

Dissemos que a reputação nos afeta. Mas como, exatamente?

Ora. Antes de mais nada, pelas experiências. Nos encontros com o mundo — nem sempre marcados por nós. Espetáculo perceptivo que se impõe. Fragmentos de realidade que vão aparecendo trazendo de tudo. E nos encontros com outras pessoas, que diretamente poderão nos contar do último fuxico de que somos vítimas. Ou da boa fama de que gozamos em algum lugar.

Mas, mesmo que o assunto seja outro, e que nada nos digam sobre o que andam falando de nós por aí, nossa reputação participa de todas as relações que protagonizamos. Delimita a pegada de quem nos aborda. Desde o choro emocionado do fã pedindo um autógrafo — o que, claro, nunca aconteceu com os autores deste livro — até uma agressão verbal, um xingamento, um soco.

A reputação define se a aproximação vem acompanhada de um sorriso. Se culmina num abraço. Num olhar enternecido. Em palavras doces e ditas com suavidade, com zelo nas ponderações, com gentileza na despedida. Ou se é um encontro mais trivial, marcado pela rudeza, por pouca sensibilidade e desdém.

Determina, portanto, a forma como todos nos tratam. O tempo todo. E se uns e outros se portam diante de nós de forma diferente é também porque os discursos que circulam sobre nós não carregam todos as mesmas opiniões. E tampouco se fundam nos mesmos episódios de nossas vidas.

Assim, pontuando até aqui, nossa reputação nos afeta por intermédio de nossas relações. Efetivamente vividas no mundo. Dos discursos que nos chegam na lata. Por corpos falantes. Bem diante de nós. Ou pelos que invadem nossos celulares.

Mas não só. Tem mais. Há também o mundo imaginado. Tudo aquilo que supomos estarem falando ou pensando de nós. É diferente ler, ouvir, de imaginar. Supor na mente. Talvez mais aflitivo ainda. Ou falsamente esperançoso.

Veja só, querido leitor ou leitora, o tamanho da encrenca.

Porque, mesmo no isolamento, a coisa não fica resolvida. Não adianta fugir do outro. Carregamos dentro de nós um monstro ainda pior. Aterrorizante. Que não para de produzir. Engendrar. Articular. Que antecipa, supõe, projeta, sugere. O tempo todo. Sobre quase tudo.

E, claro, sobre a quantas anda nossa reputação na boca do povo.

Essa imaginação voa solta. Até porque nunca poderá haver certeza. O que podem estar pensando nos é inacessível. As consciências são impenetráveis. Só se deixam conhecer por ato de vontade. Se estiverem a fim de verbalizar.

Já sobre o que estão efetivamente falando, os circuitos de consagração e difamação percorridos pelos discursos passam, por vezes, bem longe de nós. Distante de nossos olhos e ouvidos. Deixando-nos vagando à deriva. Entre a esperança e o temor. Alma flutuando. Sem muitas referências.

Ficamos na esperança de que estejamos bem na fita. De que tenham finalmente esquecido a pisada de bola que demos. Tememos que estejam sendo enunciados, naquele preciso instante, os discursos mais corrosivos, mais aviltantes, a nosso respeito.

Temos assim dois mundos: o mundo percebido no aleatório dos encontros e o mundo imaginado na incerteza que asfixia. Mundos em constante interação. Afinal, por um lado, o que nos chega pelos olhos e ouvidos abastece nossa imaginação. Confere-lhe consonância. Aparência de plausibilidade.

Em contrapartida, o mundo imaginado condiciona a recepção dos discursos. Intromete-se na sua interpretação. Determina sentidos. Faz abrir os olhos para certas falas, ignorar outras. Comanda nossa atenção, que tenta nos proteger como pode, dando mais importância a uns do que a outros.

Percepção e imaginação seguem sendo coisas diferentes, mas estão sempre imbricadas, entrelaçadas, numa verdadeira usina de afetos. Suficiente para levar qualquer um ao desespero.

A covardia aponta para as delícias do anonimato. Aconselhando a moita. As beiradas da visibilidade. Os cantos sombrios da ribalta. Porque, se naquele momento a onda é favorável, o refluxo nem sempre é suave. Para continuar encarando, é preciso preparo. Firmeza de espírito. Consistência psicológica.

Por isso a sabedoria antiga continua sábia. Bem faz quem consegue não se deixar afetar. Nem pela verborragia ferina de que se é vítima nem por nada. Ataraxia, eles diziam. Permanecer ereto, de boa, sussa. Inalterado. Ante tudo que possam dizer de devastador. E de consagrador também.

Competência que exige couraça. Crosta curtida no sofrimento pretérito. Para isso, há treinamento. Medicina preventiva da alma. Os filósofos cínicos lá da Grécia Antiga — denominação de uma escola de pensamento com significado bem distinto do atual — submetiam seus alunos a situações de ridículo. Públicas. Para que fossem chacoteados, espezinhados, agredidos verbalmente. Tomados por imbecis. Acreditavam que, só assim, aprendendo a suportar tudo isso, estariam preparados para a vida em sociedade.

Estavam convencidos de que a resiliência ante os golpes da reputação é condição de liberdade. De poder falar o que se pensa. De agir segundo os próprios princípios. Com altivez e serenidade. Com temor controlado.

Para ter paz, preparavam-se para a guerra. Provocando artificialmente ataques. E criando imunidades em laboratório.

Hoje, a lição é ligar o foda-se. *Best-seller* de Mark Manson que admiramos por propor "uma estratégia inusitada para uma vida melhor". Uma sutil arte. Num livro cheio de dicas. E de certezas. Bem diferente deste, que nos atrevemos a publicar. Completamente inútil.

Aquele que não suporta o maldizer de que é vítima curva-se. Acovarda-se. Sucumbe. Molda-se à expectativa de outros. Perde autonomia. Delibera a partir da presumida consciência alheia. Do que presume estarem esperando dele. Abre mão de governar a si mesmo. Age na contramão do que gostaria.

Para fazer cessar a agressão, estancar o sangramento, interromper o escárnio que humilha, apequena e deprime.

Torna-se, assim, escravo de um movimento que não controla. Delibera para agradar. Escolhe para se alinhar. Vive para proteger o que sobrou de dignidade. Da saliva ácida de um algoz difamador.

1 TITUBEANTES GUARDA-SÓIS FINCADOS NA AREIA

Lançamentos sucessivos. Prateleiras repletas. Títulos bem diretos. De sentido imediato. Quase todos catalogados na seção de administração, negócios ou gestão. Livros que ensinam, passo a passo, a construir uma boa reputação. E a evitar que ela seja devastada por algum deslize. Por uma decisão comprometedora. Por prática recorrente inaceitável, mantida, até então, em sigilo. Ou, ainda, por catástrofe decorrente de exploração gananciosa de recursos.

Escudos contra todo maldizer que exponha alguma indecência estratégica, do profissional, da empresa ou da instituição. Que denuncie a irresponsabilidade de focar só o resultado. Sugerindo miopia ante tantos outros valores, condenados à periferia do campo da gestão. Proteção contra qualquer boato que denuncie desrespeito a princípios de conduta. Desses que condicionam o ganho. Mas garantem convivência mais justa.

Consultores, *coaches* e especialistas vendem suas fórmulas em domicílio. Algumas, *à la carte*, customizadas. Para superar crises inéditas e inusitadas. Reduzir o estrago. Impedir que se corroa de vez a boa imagem. A pessoal, a dos clientes e, sobretudo, a das instituições a que pertencem.

Quanto maior a ameaça ou o dano iminente, mais urgente o serviço. Mais decisiva a intervenção. Um gesto explícito de comunicação estratégica. Com meios e fins calculados com oito casas depois da vírgula. E avaliação cuidadosa de efeitos presumidos para cada mensagem cogitada.

Tudo isso para garantir que o que quer que seja não tenha passado de um grande mal-entendido, ou ainda para admitir que tenha havido mesmo pisada de bola — mas dali para a frente respiraremos novos ares. Fica decretada uma nova era na vida daquela organização. Com respeito intransigente a valores, princípios e regras de conduta.

Situação semelhante não se reproduzirá nunca mais.

NUNCA MESMO

Um exército de técnicos é mobilizado. Para fazer daquele instante da vida coletiva um marco de ruptura simbólica. De separação explícita entre o antes e o depois. Expiação dos males morais. Higienização da marca. Decência coletiva. Purificação institucional.

Para assegurar resultados lisonjeiros à reputação que se encontre em risco, autores de livros e consultores que usam e abusam da palavra "ética" são convocados. Palestrantes conhecidos são contratados. Acompanhados de seus currículos acadêmicos, suas obras e seu prestígio pessoal. Conferindo legitimidade ao processo. Olhar externo que chancela. Com autoridade.

Organizam-se eventos pomposos. Solenidade que garante o extraordinário do momento. O *Código de Ética* é apresentado. Ou sua mais recente edição. Membros do conselho, CEOs, diretores de *compliance*, gestores de pessoas e outras personalidades emprestam capital simbólico à iniciativa. Se estão ali, é porque é pra valer.

Dar a ver com estardalhaço aos colaboradores, bem como aos parceiros, fornecedores, clientes e a quem mais possa interessar, que tudo mudou. Que viramos uma página da história. Que nada mais será como antes. "Ser ético" converteu-se na obsessão da vez.

HISTERIA BARULHENTA

Caro leitor ou leitora. Toda essa histeria barulhenta seria desnecessária, impensável até, se as coisas andassem um pouco melhor. Se a formação moral de cada um garantisse um pouco mais. Se o respeito ao colega, ao patrimônio da empresa, ao parceiro, ao fornecedor, ao cliente estivesse impregnado, com sua obviedade, nas iniciativas de cada um.

Como sugeriu Abraham Lincoln: "O caráter é como uma árvore, e a reputação, como sua sombra. A sombra é o que nós pensamos dela; a árvore é a coisa real". Na falta de árvore, resta-nos fazer sombra com titubeantes guarda-sóis fincados na areia. Anunciando em cores alguma marca. Que compense com *marketing* o que a falta de árvore poderia comprometer.

Nenhuma pomposa cerimônia de expurgo se faria tão necessária se houvesse o hábito de considerar o outro. Qualquer outro. A sua presença. E seus direitos. De aceitar plenamente a sua existência. Tão relevante quanto a nossa própria.

Hábito de considerar os prazeres, ganhos e metas do eu sempre um degrau abaixo na luta pelo aperfeiçoamento diário da convivência entre todos. De submeter a própria comodidade ao crivo de um justo que se pretenda universal.

Hábito de pensar para agir, pensando na humanidade. De supor a galera em peso tomando a mesma decisão que passou pela cabeça. Seguindo o mesmo protocolo de raciocínio. Hábito de checar se, nesse caso, a vida de todos melhorou. Se o humano ganhou em dignidade.

Hábito de cogitar o que é melhor para mais de um. De perceber que a obtenção do mundo desejado pode exigir comportamento aviltante. De abrir mão do próprio ganho em nome de um princípio de conduta que soberanamente decidiu respeitar na hora de decidir.

Hábito de superar o próprio umbigo. E, com ele, o espírito da mesquinharia, do acúmulo e do egoísmo. De se comprometer. Na luta por uma convivência. Na qual qualquer um e qualquer outro possa pleitear, com todas as suas forças, cotas de felicidade que não comprometam, por princípio, cotas equivalentes de mais ninguém.

2 DA MATERNIDADE À COVA

Sempre é possível se perguntar sobre a pertinência das expressões mais repetidas. Assim, o que estarão querendo dizer todos esses gurus da opinião pública com "ser ético"? Pensemos juntos. Proponhamos uma digressão. Aparentemente nada a ver. Mas não pense que estamos viajando. Se estivermos, voltamos pra te buscar. Confie em nós.

CRIADO-MUDO AMARGO

Nós dizemos "chocolate amargo". Chocolate é a substância. Ou o substantivo, na gramática. E "amargo" é o atributo. O adjetivo. E você não vê nisso nenhum problema. Porque, de fato, um chocolate pode ser amargo. Assim como um remédio. Mas se nós dissermos "criado-mudo amargo", você estranhará. Porque o atributo é incompatível com a substância. Ele poderá ser prático, bonito, grande, baixo, de madeira etc. Mas amargo, nunca.

Bem, agora deixemos o amargo de lado. E voltemos ao ético. Não prometemos que voltaríamos? A expressão sempre repetida é "ser ético". Para não complicar nossa vida, vamos logo admitir que esse "ser" esteja no lugar de uma pessoa. Assim, ficamos com "Luiz é ético". Ou "Clóvis não é ético".

Ora. O adjetivo "ético" já se presta a entendimentos conflitantes. Mas nada comparado ao enrosco que o verbo "ser" pode representar para quem busca significados precisos.

Você lê intrigado. E pergunta:

"Onde está o problema em *ser* isso ou aquilo?"

GOIABA É MANGA

Vem com a gente. Se estivermos diante de uma fruta e afirmarmos: "isto é uma goiaba", para em seguida afirmar o contrário: "isto não é uma goiaba", você, leitor ou leitora, perceberá o óbvio. Uma das afirmações é falsa. Portanto, inaceitável.

Porque ou *é* (goiaba) ou *não é* (goiaba). Nada pode, ao mesmo tempo, ser algo e não o ser. Assim, só uma das duas afirmações sobre a goiaba é necessariamente verdadeira. Não há terceira opção.

LUIZ NÃO É GOIABA

Deixemos agora as goiabas de lado e voltemos aos autores deste livro. Para que Luiz seja ético, é preciso que o atributo "ético" o acompanhe da maternidade à cova. Só assim ele poderia *ser* ético. Com tudo que este "ser" quer dizer. Um único instante de falta de ética o comprometeria. Desmentiria a afirmação.

"Mas por quê? Uma escorregadela não compromete nada. Trata-se de uma pessoa ética, que teve um deslize. Uma conduta lesiva à convivência. Um segundo de ambição desmesurada. Rapidamente assumido. E acompanhado de arrependimento. Não, não. Ele continua ético.", você diz. Cheio de perdão no coração.

O leitor ou leitora é boa gente. Sabe que mais dia, menos dia o calo aperta para todos. Tem o espírito da indulgência. Mas veja só. No momento em que Luiz estivesse agindo indevidamente, naquele preciso segundinho, a ética lhe faltaria. Assim, ele seria ético, porque é — e sempre foi — e não seria. Ao mesmo tempo.

O que esbofeteia a lógica. Agride nosso jeito de pensar mais consolidado. Como no caso da goiaba. Se ele fosse mesmo ético, naquele segundo Luiz seria e não seria Luiz. Ao mesmo tempo. Constrangedor como constatação.

JÁ CLÓVIS...

"Vixe! Esse não é ético!"

Nesse caso, pela mesma razão do anterior, a ética deve estar totalmente excluída de sua trajetória. Ausente de todas as suas deliberações. Princípios de convivência nunca serviram, nem servem, de referência para suas decisões. Canalha do princípio ao fim. A cada passo. Só assim, talvez, seu ser pudesse ser definido pelo atributo "não ético".

O leitor ou leitora começa a se dar conta da inconsistência dessas afirmações. E talvez esteja deduzindo que a ética não possa ser um atributo do "ser". Nem de Clóvis, nem de Luiz. Tal como amargo não é atributo de criado-mudo. Para que a goiaba não seja manga ao mesmo tempo.

Afinal, todos nós, que somos alguém, Luiz, Clóvis e você, cuja graça ignoramos, já infringimos, mais de uma vez, tanto princípios de conduta livremente estabelecidos pela nossa consciência moral quanto os coletivamente pactuados pela inteligência ética de nossos grupos sociais.

Em contrapartida, em algum momento de nossas vidas,

fomos super-respeitadores desses mesmos princípios. Em detrimento até de nossos ganhos mais justificáveis.

Dessa forma, ao sentenciar, por exemplo, que "João é desonesto", você, leitor ou leitora, relaciona, de forma pouco rigorosa, a desonestidade a João. É possível que, ao longo de sua trajetória, João tenha agido desonestamente. Provável até. Mais de uma vez. Mas defini-lo pelo atributo da desonestidade exclui tantas outras situações de vida também protagonizadas por ele... Situações nas quais se mostrou impecável. Mais que honesto. Generoso. Cordial, gentil, prestativo.

Portanto, chamar João de uma pessoa desonesta é tomar o episódico, o casual, o singular pelo todo de uma trajetória moral.

THREE STRIKES AND YOU'RE OUT

O leitor ou leitora, mais apegado ao senso comum, ainda resiste:

"Mas se João apronta uma, duas, três, quatro...? Será que essa reincidência não autorizaria apontá-lo como alguém desonesto?"

Sua pergunta conta com o apoio de muita gente. De dois em dois anos, temos campanhas eleitorais. E muitos candidatos, a maioria deles, repete o mantra (que muitos querem ouvir, supõe-se):

"Lugar de bandido é na cadeia."

"Polícia na rua e bandido na cadeia."

Essas afirmações, enunciadas em tom peremptório, separam as pessoas em dois tipos. Os bandidos e os não bandidos. Os que são e os que não são.

Mas pensar com alguma lucidez, para além do discurso eleitoreiro, ainda não foi proibido. Leitor ou leitora, você nunca soube de alguém que tenha vivido uma fase da vida desastrosa do ponto de vista moral? Anos a fio enganando, mentindo, roubando, agredindo? Nada mais atrativo do que tomá-lo, de uma vez por todas, por bandido. Não acha?

Mas, se o fizermos, sentenciaremos a impossibilidade absoluta de uma transformação. De condutas, de hábitos. De jeito de pensar a própria vida. Afinal, sendo bandido, estará condenado a agir de acordo com seu banditismo, enquanto vida houver.

AMERICAN DREAM

O filme *A proposta* foi um sucesso de bilheteria. Nele, Margaret Tate (Sandra Bullock) é uma poderosa editora de livros. Decidida, dura, incisiva. Só pensa em trabalho. Nunca se atrasa. Está sempre a par de tudo o que acontece. Não tem vida fora da editora.

Goza de péssima reputação junto aos funcionários da empresa. Vista como autoritária, prepotente, desumana e injusta no trato com seus colegas de trabalho. Uma tirana. Andrew Paxton (Ryan Reynolds) é seu assistente. Há anos suporta os desaforos da chefe. Porque sonha em ter um livro publicado.

Chega o dia em que Margaret se vê em apuros. Canadense residindo nos Estados Unidos, está prestes a ser deportada por ter violado os termos do seu visto de trabalho. Determinada a manter seu emprego, convence Andrew a se casar com ela. O assistente aceita a proposta. Mas, em contrapartida, exige ser promovido a editor e ter seu livro publicado.

O setor de imigração fará uma investigação para confirmar a relação dos dois. O sr. Gilbertson, agente de imigração, suspeita que eles estejam cometendo fraude para evitar a deportação.

Por isso, vai interrogá-los. Separadamente. Se as respostas não coincidirem, Margaret será deportada e Andrew será condenado ao pagamento de uma multa de 250 mil dólares e cinco anos de prisão.

Para se conhecer melhor, o casal viaja para Sitka, no Alasca, cidade natal de Andrew. Margaret é apresentada à família. Na festa de boas-vindas, Andrew confronta seu pai, Joe, que está indignado por supor que aquele repentino namoro com a chefe que o filho odiava não passa de estratégia de ascensão profissional.

Andrew anuncia o noivado. A família convence o casal a se casar enquanto estão em Sitka. No decorrer da história, Margaret se encanta com aquele ambiente familiar. Tudo lhe parece novo e acolhedor. Ela revela a Andrew que vive sozinha desde os dezesseis anos. Quando seus pais morreram.

Tudo preparado para a cerimônia de casamento. Mas Margaret não consegue enganar a família de Andrew. Confessa aos convidados que o casamento é uma farsa. Gilbertson, o agente da imigração, presencia tudo. E lhe dá 24 horas para deixar o país.

Ao longo do filme, Margaret muda de atitude. Uma situação de fragilidade permite a demonstração de afetos antes encobertos pela vida profissional, transformando a forma como era vista, interpretada, comentada. Os discursos sobre ela vão se alinhando a essas novas manifestações de personalidade.

Margaret acaba conquistando todos. Inclusive Andrew. Que se apaixona por ela. Tudo acaba bem. Os dois se juntam de verdade. Margaret se torna mais doce. E é autorizada a continuar vivendo o *American dream* ao lado de seu amado. Que finalmente publica seu livro. Só que agora com a benção de uma união romântica, e não graças a escusos interesses imigratórios e editoriais.

CÍRCULO REDONDO

Não dá para um indivíduo ser dotado de atributos contraditórios ou de mera circunstância. Porque todo ser tem a ver com essência. Com o que é essencial. Com tudo que, se ausente, faz com que o ser deixe de ser. Portanto, o ser de João é tudo que faz dele o que ele é. O que lhe é essencial. Sem o que João deixa de ser João.

Pense num círculo. O círculo é redondo, não é? Pois bem, é de sua essência ser redondo. Até o presente momento não temos notícias de nenhum círculo que não seja redondo. Ou que tenha se convertido em quadrado. Modificar sua essência implicaria mudar seu ser. Deixaria de ser círculo.

Pensemos agora no homem genérico. No ser humano, como costumamos dizer. Assim como o círculo é redondo em sua essência, a ética, se essencial ao ser humano, implicaria que, na sua eventual ausência, o homem não mais seria homem. Deixaria de ser o que é. Perderia sua humanidade. Faz sentido?

Se esse tal ser ético corresponder a uma capacidade potencial de atribuir valor às ações humanas, talvez sim. Nada do que vemos em termos de conduta humana nos é cem por cento indiferente. Mas, se corresponder ao respeito inexorável a certas normas e princípios, sentido mais próximo do senso comum corporativo, aí certamente não tem nada a ver.

Um jogador de futebol que se joga no chão para simular uma falta, tentando ludibriar o árbitro, certamente desrespeita um princípio ético. Mas não deixa de ser humano. Porque, se uma eventual intervenção indevida tirasse o agente da humanidade, não sobraria ninguém para contar a história dos homens a seus descendentes.

3 O CHINÊS E O PARAGUAIO

A advertência está feita. Ninguém *é* canalha. Mas age como tal. Tampouco é santo. Mas pode ter seus momentos de santidade. Por mais gritante que seja a incidência. Por maior que seja a distância entre cruéis bandidos e madres de Calcutá. Porque "ser" não aceita probabilidades. O provável não é ainda. Portanto, não é.

Desativada essa armadilha do senso comum, combustível para o preconceito e o ódio que dele decorrem, é forçoso admitir: a redução é atrativa.

O FALSO QUE RESOLVE

Tomar a conduta de João, Clóvis ou Luiz pelo seu ser destrava a convivência. Converter a complexidade da vida moral de uma pessoa em um único atributo facilita demais a gestão de nossos investimentos sociais.

Ousamos sugerir que, se não houvesse essa simplificação, por mais falseadora que seja, a vida em sociedade não seria possível. Afinal, interagimos com muitos outros. Numa rede que nos cobra agilidade. Rapidez de decisões. Para tanto, carecemos de ter alguma ideia sobre todos com quem estamos lidando. Para conseguir encaminhar essas relações. Dar início, seguir investindo. Ou descontinuar os vínculos.

O exame de um interminável relatório sobre infinitas condutas, decisões, princípios morais efetivamente respeitados — para cada um dos que pleiteiam aproximação, interlocução, parceria ou amizade — empacaria as interações, comprometeria a fluência dos projetos comuns, inviabilizaria alcançar transformações de mundo empreendidas por mais gente.

Se, para tomar decisões a respeito de relações interpessoais, tivéssemos que ponderar a integralidade da vida moral de cada um, sem nenhuma simplificação, não faríamos outra coisa da vida. Por isso, advertências de última hora como "cuidado com esse cara, que ele não é flor que se cheire" ou "fica de olho nessa mina, que ela não dá ponto sem nó" ajudam bastante a decidir o que fazer.

ANIMAIS E DEUSES

Quando falamos em tomar decisões a respeito de relações interpessoais, estamos nos referindo a quase tudo. Porque quase nada na vida escapa à convivência.

"E contemplar, na solidão, o pôr do sol?"

Só é possível porque ainda não construíram um prédio no meio. Mas representantes do capital imobiliário, em sintonia fina com autoridades do Estado, já estão resolvendo o problema. Para que entre você e o sol haja cimento. Em nome da proteção da sua pele.

Dividir um apartamento, emprestar o carro, deixar o namorado ir viajar com os amigos, adiantar uma grana ante dificuldade manifesta, dar cartão vermelho direto (em vez de começar com o amarelo ou com uma advertência verbal), contratar um *personal* dotado de volumoso capital estético para orientar a esposa em sua atividade física no interior da própria residência...

E por aí vai. Ao infinito. Enquanto existência houver. Porque sempre haverá alguém afetado, direta ou indiretamente, pelas nossas decisões e ações no mundo.

E se você ficou na dúvida sobre a cor dos cartões, a explicação é rápida. Jogo de futebol. Ao punir intervenções faltosas idênticas, é mais fácil para qualquer árbitro dar cartão vermelho direto para um jogador de apelido "animal" do que para outro conhecido pela alcunha de "divino". Para citar dois ídolos da torcida alviverde: Edmundo e Ademir da Guia.

Porque futebolistas já entram em campo acompanhados de sua reputação. Que interferirá decisivamente na atribuição de valor a suas ações no interior das quatro linhas. Por parte de árbitros, mas também de narradores, repórteres, comentaristas. E torcedores.

Daí o espanto e os titubeios quando Zinédine Zidane, conhecido pelo estilo refinado e pelo *fair play*, recebeu um cartão vermelho direto na final da Copa do Mundo de 2006. Foi preciso o auxílio de uma câmera de televisão e de um árbitro externo para comprovar a cabeçada dada por ele no peito do zagueiro italiano Materazzi e mitigar a incredulidade de muitos. Essa conduta maculava a reputação de bom moço, equilibrado e pacato que lhe era universalmente atribuída até então. E silenciava muitos discursos sobre o futebolista francês.

Esses exemplos nos indicam que, no futebol ou na vida, discursos sobre reputação são construídos em sinfonia. Quase sempre reproduzindo o que sempre foi dito. Consolidando o que já se sabia. Dando fundamento àquela reputação. O que é facilitador para todos. Até mesmo para os atletas. Também convencidos da sua animalidade. E da sua divindade.

Mas você ainda torce o nariz. Argumenta que essa reputação teria a ver com o que já fizeram em campo. Com a forma como sempre se comportam. Ninguém é chamado de "animal" do nada. Esse apelido vai se consolidando em função de ações e reações desse jogador ao longo dos jogos.

O PORCO SÁBIO E O GINASTA PARAGUAIO

Claro que você pode ter razão. Veja bem: *pode* ter razão. Porque é grande a lista de notoriedades desmentidas pela vida. Pelas práticas. Pelas decisões.

O sábio Epicuro levou vida frugal. Espartana, apesar de não ter nascido nem vivido lá. De rigor e carência extremos. Ainda assim, ganhou a eternidade da fama com a alcunha absurda de "o Porco".

Ficou conhecido e reconhecido por todos pelo que nunca fez parte da sua vida, das suas ações, dos seus hábitos: lascivo e desmesurado, em busca ávida e ininterrupta dos prazeres do corpo.

Mas mesmo que não seja esse o caso, e que a história comprove a fama, nenhum árbitro entra em campo para punir o passado. Advertir com especial rigor quem tenha se comportado mal nos últimos anos. Seu trabalho é garantir lisura na partida. Juízos em equidade. Tratamento idêntico aos contendores. "Animais" e "divinos". Para que o resultado da peleja indique apenas — e tão somente — a superioridade futebolística naquele embate.

E se o leitor ou leitora torcedor conserva o nariz torcido, trazemos mais um exemplo esportivo sobre o peso da reputação e seus efeitos na hora da disputa. Vinculado, nesse caso, à nacionalidade. Porque, além da história de cada um, estereótipos são matéria-prima farta para a construção de fama e notoriedade.

Um árbitro de ginástica de trampolim — que corresponde para nós, leigos, à cama elástica — avaliando um atleta chinês ou russo tenderá a descontos ínfimos de nota. Havendo erro grosseiro, raríssimo, é bem verdade, duvidará da própria acuidade visual. Confirmará com colegas o que viu. Zelo que advém da fama que levam para o ginásio de competição os ginastas desses países. Tratando-se de atleta paraguaio, a caneta escorrega mais pesado. Ninguém mandou saber cantar "Recuerdos de Ypacarai" desde criança.

ALIENAÇÃO MORAL

Voltemos ao apartamento, ao namorado, ao carro, ao *personal*... Quantas decisões a tomar, todas à mercê de miúdas informações em circulação sobre essas personalidades envolvidas, pouco ou nada representativas da consistência de suas formações morais. Enunciadas em contextos nada comparáveis. Por porta-vozes com pretensões sociais quase sempre ignoradas.

Cada novo ato de fala parece fazer ignorar o passado daquela mensagem. A história social daquele discurso. Ninguém que tome a palavra para atribuir valor negativo à conduta de outrem faz um inventário das condições que permitiram aquela enunciação. Nesse sentido, a vida em sociedade cobra de todos certa alienação moral.

Você que ouviu cantar o galo de um escândalo enunciado por alguém que odeia sua vítima, caso tenha mais apreço pelo enunciador do que pela vítima, reproduzirá aquele discurso e não se dará ao trabalho de mencionar que a fonte busca a todo preço o entristecimento do malfalado. Porque, dadas as circunstâncias, a força persuasiva da mensagem requer uma aparência de isenção.

Assim, as tais afirmações redutoras da vida moral dos avaliados são, como vimos, facilitadoras. Por um lado. Mas cruéis, por outro. O flagrante da injustiça desse tipo de avaliação será mais provável quando, por alguma razão, dele formos vítimas. Seja pessoalmente, seja pelos afetos que temos pelos agredidos.

BROCA FURIOSA

Imagine um dentista. Trinta anos de vida profissional. Na mais estrita gentileza e cordialidade com seus clientes. Até que, num dia de raro mau humor, ante um paciente particularmente desagradável, acaba se alterando. E dizendo o que nunca diria.

O paciente registra em vídeo o destempero. Com relações em rede, faz chegar a mensagem a milhares de pessoas. Que, por sua vez, nunca tinham tido notícia daquele profissional. Seguem compartilhando o vídeo. Pela chacota. Pelo gozo ante o desequilíbrio alheio. Pelo constrangimento público dele decorrente. Pelo inusitado de uma conduta incompatível com o cenário, a indumentária médica e o instrumental de saúde. Pela cacetada em vídeo.

Já para o dentista em sua solidão, para os filhos na escola, para a esposa também dentista ante seus próprios pacientes, para o sócio de consultório e para todos que por ele tenham amizade e apreço, a cena do vídeo é menos engraçada.

Em função disso, talvez seja mais verdadeiro e mais justo admitir que a ética não seja um atributo do ser. Mas do agir. Porque ora agimos de maneira mais adequada a princípios de conduta estabelecidos por nós e para nós. Ora transgredimos feio, em nome de algum interesse que nos tenha atrapalhado as ideias. Ou de uma oscilação de potência que nos tenha desequilibrado a alma.

Aceitando essa ideia, João deixa de *ser* desonesto. E passa a *ter agido* desonestamente. O que está longe de ser a mesma coisa. *Ser desonesto* não dá a João nenhuma chance de recuperação. De educação. De aprendizado. De aperfeiçoamento. Afinal, ele já *é*. E, sendo, não há o que fazer. Mas se João apenas *agiu* desonestamente, resta-lhe a vida para construir um novo futuro.

4 O EU FORA DO MEU ALCANCE

Você dirá:

"Ok, pisei na bola. O João, o dentista e eu. Beleza. Admito. Mas, se não agi conforme princípios que considero dignos, o problema é meu. Sou eu que me sinto mal. Sou eu que tenho de resolver essa parada. No interior da minha consciência. Encontrar uma solução para esse desalinhamento entre o que gostaria de ter feito e o que acabei fazendo."

Sim. Você tem razão. Há um problema de consciência a enfrentar. Uma vergonha a sentir. Por não ter traduzido em prática o que sempre considerou digno como princípio moral. Assuma as consequências dessa incoerência no interior de si.

NUNCA PULEI A CERCA! NUNCA!

Nesse autoexame, contrariamente aos juízos a que somos submetidos pelos outros, tendemos a atribuir valor às nossas ações numa perspectiva histórica — em especial àquelas que julgamos negativas.

"Como assim, numa perspectiva histórica?"

Toda avaliação íntima a respeito de alguma conduta reprovável vem acompanhada de um inventário de condutas seguramente positivas. De preferência com algum vínculo com a primeira. Na busca de algum crédito moral.

Eu sempre fui um bom pai. Sempre me neguei a puxar o tapete dos colegas. E olha que oportunidades não faltaram. Sempre driblei as propostas de conduta adúltera. E, modéstia à parte, não foram poucas. Etc. Esse patrimônio de boa conduta é usado, nessa audiência em que se converte a consciência moral, como compensação.

BATOM NA CUECA

Na avaliação de nós mesmos, sempre encontraremos um leque de causas determinantes da nossa ação e, ao mesmo tempo, exteriores ao nosso controle ou decisão.

Dessa forma, tentamos nos proteger das responsabilidades advindas da nossa conduta pela parte mais robusta de consequências nefastas. Colocando em xeque as relações causais. Questionando o real nexo entre o que fizemos e o que acabou acontecendo no mundo.

"Tudo bem. Admito. Dei uma escapada no dia do casamento. Tá certo que acabei chegando atrasado à cerimônia. Acompanhado da minha amante. Verdade também que havia vestígios da farra na minha roupa íntima. Mas até aí, meu... se ela pegou um porrete e quebrou tudo, feriu o padre, mandou minha amiga para o hospital, colocou em risco todos os convidados, é porque é uma louca. Sempre foi. Ainda bem que acabei me dando conta a tempo. E não me casei com esse estrupício."

Como dizíamos, sempre haverá exame de consciência. Com maior ou menor aparência de isenção, conforme os recursos de repertório e pontos de vista do avaliador. Mas, saiba, querido leitor ou leitora, que as coisas não param por aí.

Sua responsabilidade pelo que fez vai além dos seus conflitos de consciência. Porque, ao agir, afetamos o mundo. Transformamos a realidade. E, no meio desse mundo, estão as outras pessoas. E por elas seremos avaliados. Julgados.

ORGULHO SEM VAIDADE

Nem sempre as referências mais usadas pela sociedade para julgar seus membros coincidem com aquelas que empregamos para uma avaliação na primeira pessoa do singular.

Como ensina Fernando Pessoa, o orgulho é a consciência — certa ou errada — do nosso próprio mérito. Enquanto a vaidade é a consciência — certa ou errada — da evidência do nosso próprio mérito perante os demais. Não há coincidência necessária.

Assim, um homem pode ser orgulhoso sem ser vaidoso. Nesse caso, parece focar os princípios que livremente sua consciência decidiu respeitar e não dar muita bola para o que pensam disso os demais.

> *O homem pobre e orgulhoso, que sabe que seria menos pobre se pudesse ao menos esmolar ou humilhar-se, sofre não menos pela sua pobreza, não só pela melhor posição social de homens menos orgulhosos ou mais afortunados, mas também pela impossibilidade de esmolar como eles ou curvar-se como eles diante daquilo que os liberta de uma pobreza semelhante.*

Cada vez mais raros esses seres de avançada elevação moral. Nunca ruborescem. Porque o que vem de fora — ou de baixo, como diziam antes os que se achavam em cima — não lhes atinge. Com outras palavras, Theodore Roosevelt declara: "Eu não me importo com o que os outros pensam sobre o que eu faço, mas eu me importo muito com o que eu penso sobre o que eu faço. Isso é caráter".

ORGULHO COM VAIDADE

Segundo Fernando Pessoa, o homem pode também ser orgulhoso e vaidoso. Nesse caso, divide entre o orgulho e a vaidade suas forças e sua atenção. Continua cioso sobre o que pensa de si mesmo. Mas, ao mesmo tempo, está antenado ao que estão repercutindo a respeito de suas iniciativas.

Muita gente ainda é assim, capaz de se indignar quando os rumores desmentem suas firmes convicções sobre si mesmas. Ruborescem. Perdem a face. Ficam de cara no chão. É a consequência da dissonância entre o entendimento de si e o que circula a seu respeito. Essa dificuldade já foi denunciada por Nietzsche: "É mais fácil lidar com sua má consciência do que com sua má reputação".

VAIDADE SEM ORGULHO

Finalmente, ainda segundo Fernando Pessoa, o homem pode ser vaidoso sem nenhum orgulho. Encontra-se cem por cento à mercê do que pensam dele. É uma triste vítima de uma construção polifônica cujos caminhos não poderá nunca controlar.

Espera a manifestação alheia para saber quem é. Pede permissão ao mundo para falar de si. E se submete a correções toda vez que qualquer ação ou omissão sua gera reprimendas. Um eu definido pelo outro. Fora do próprio alcance.

Para além desses três tipos ideais descritos por Fernando Pessoa, está a maioria das pessoas de carne e osso, que misturam um pouco de cada um desses modelos. Que vivem no mundo. Com afetos e emoções. Nas situações que vão se enfileirando na sua confusão. Cheias de protagonistas. Interesses. Estratégias. Pessoas com muitos princípios. Fundamentos para a conduta. Seja para avaliação moral de si mesmo, seja para a construção polifônica de que são objeto.

No meio de tudo isso, pessoas concretas nunca serão puramente orgulhosas. Tampouco vaidosas. Porque o que pensamos de nós e o que pensam os outros de nós resultam de um jogo de influências recíprocas, de interdependência tática, sem nenhuma linearidade.

ENXURRADA DE DÚVIDAS

Em meio a essa múltipla combinação de situações entre orgulho e vaidade, podemos nos perguntar: qual é a diferença — se entendemos que há alguma — entre o político corrupto e o sujeito que sonegou uma nota fiscal na declaração de imposto de renda?

Se pensarmos essa questão unicamente a partir das lentes da reputação, por que chancelaríamos a péssima reputação do primeiro e seríamos condescendentes com o segundo?

Que gradiente ético deveríamos empregar para analisar casos que o dia a dia nos apresenta e medir como uma ação ética (ou antiética) impacta as reputações?

Calma, calma. As dúvidas sempre serão muitas. Mas ainda estamos no começo. Revolte-se mais para a frente, quando se der conta de que as certezas de antes da leitura não foram substituídas por outras. Mais verdadeiras.

Por enquanto, se essa enxurrada de dúvidas serviu para instigar a leitura, cumpriu seu papel. Se não, tente ler assim mesmo. Afinal, você já pagou pelo livro. Os editores já estão felizes. Seria uma pena não dar mais algumas páginas de crédito.

Quanto às respostas, bem, elas virão. Em conta-gotas. Essa é a nossa intenção. Se não forem convincentes, outros autores, depois de nós, certamente farão melhor. Só pedimos que não saiam por aí falando mal do que escrevemos. Sabe como é! Questão de reputação. Pega mal pra nós você dizer que leu o livro inteiro e não saiu do lugar.

CONSELHEIRO ACÁCIO

De cara vamos logo alertando: afirmações como "para se ter boa reputação é preciso ser ético" não nos tiram do senso comum mais rasteiro.

Fazem lembrar o pernóstico Conselheiro Acácio, personagem memorável de Eça de Queirós, rei da tautologia pedante. Ele afirmaria, empertigado e ajeitando os óculos pincenê, com a pompa de quem se prepara para a revelação que mudará o rumo da humanidade, que um triângulo, para ser genuinamente a figura geométrica que recebe esse nome, deve ter, além de três ângulos, fazendo jus à nomenclatura, também três lados. Que a vitória de uns requer, sem meias palavras, a derrota de seus oponentes. Que para voltar, seja em que circunstância for, é preciso um dia ter ido.

Para ter uma boa reputação, é preciso ser ético. Ora, leitores. Desde Sócrates e Jesus até todos os que, nos dias de hoje, são vítimas de maldizeres por ingenuidade ou falta de malícia, sabemos que o que se pensa e se fala de uns e de outros pode não ter nada a ver com o efetivo respeito a princípios e normas de conduta.

APARÊNCIA "MAL DITA"

O filme *Extraordinário*, baseado em livro de mesmo título, conta a história de Auggie Pullman, um garoto que nasceu com uma deformação facial. E foi submetido a 27 cirurgias plásticas. Auggie vive num núcleo familiar acolhedor, sem grandes atritos entre seus integrantes.

Por conta da baixa autoestima, provocada por sua monstruosa aparência, vive enclausurado em seu lar, onde é alfabetizado pela mãe, Isabel. Quando sai à rua, esconde o rosto sob um capacete de astronauta. As coisas mudam quando, ao completar dez anos de idade, é matriculado na escola. É hora de encarar o mundo.

A trama acompanha a adaptação do garoto à nova rotina. Sua dor ao socializar comove. O menino tem de lidar com os olhares de estranheza, e de terror, de seus colegas. Com isolamento e *bullying*. Ao mesmo tempo, faz preciosas amizades. Que o ajudarão a sair de seu casulo.

Se para os adultos a imagem, a aparência, a reputação são elementos tão importantes e, muitas vezes, definidores de convivência, para as crianças não é diferente. Um estudo publicado em abril de 2018 no jornal *Trends in Cognitive Sciences* mostra como as crianças de cinco anos de idade se deixam afetar por ameaças a sua imagem.

Conduzido pelos psicólogos Ike Silver, da Universidade de Chicago, e Alex Shaw, da Wharton Escola de Negócios da Universidade da Pensilvânia, o estudo aponta que as crianças, quando passam para o ensino fundamental, já têm um pensamento muito crítico sobre seu *status* social e sua reputação.

Outro estudo, publicado por J.M. Engelmann na revista científica *Developmental Science*, mostra que crianças de dois anos de idade já se preocupam com a imagem que transmitem.

A pesquisa, feita por um grupo de psicólogos da Universidade de Emory, concluiu que, com apenas 24 meses de vida, as crianças moldam seu comportamento em função das interações com o outro, de modo a agradar quem as observa, com o objetivo de melhorar sua reputação.

Bem. Vimos que, no extraordinário da vida, muito da reputação pode nada ter a ver com questões de conduta. Como dizia o mestre Epicuro, a reputação do navegador depende das intempéries e dos temporais.

E continuamos afirmando que o mais importante no campo da moralidade, na hora de definir princípios, deliberar e agir de acordo, não é o efeito de reputação que pode determinar. Fosse assim, não passaríamos de lacaios do olhar do outro.

Sabemos bem que, quando aprendemos e nos dispomos a deliberar em respeito a tais princípios, o que deveríamos ter em mente é a importância de operar nossa razão prática com coerência. De maneira a pretender que esse protocolo de uso da razão possa ser seguido e repetido por qualquer ser racional como nós.

Assim, a afirmação de que para ter uma boa reputação é preciso ser ético em nada nos ajuda a entender se/como/em que medida uma coisa está relacionada com a outra. Precisamos superar o senso comum. Identificar as causas da sua dócil aceitação. Os interesses a que atende. A quem está sendo útil. E que estratégias estimulam sua reprodução.

5

SABE O DJANIR? O CARLÃO NÃO TEM NADA A VER!

Nunca é demais lembrar. Para eliminar vãs esperanças. Não encontrará, querido leitor ou leitora, nas páginas que seguem, soluções mágicas. Nem para ficar bem na fita com a galera, nem para fazer mudar de assunto todos que estejam falando mal da empresa onde você trabalha. Tampouco para consertar a má fama de alguém das suas relações. Que, justa ou injustamente, se vê vinculado por muitos a tudo de ruim.

Nossa pretensão é bem menor. Limitamo-nos a jogar alguma luz sobre o conceito de reputação. Pegando você pela mão. Com zelo didático. Cacoete de professores de uma vida inteira. Que se meteram a escrever, por desespero de causa. Mas, se o mundo resolver pegar no seu pé, se estiverem te detonando nas redes da vida, não temos a menor ideia de como diminuir seu sofrimento.

ILHAS AFETIVAS

Toda afirmação depreciativa, injúria, agressão verbal ou ameaça é uma punhalada. Na alma de sua vítima. Que protege como pode a ideia que tem de si mesma. E no seu corpo. Permita-nos, caro leitor ou leitora, assumir aqui a metáfora "de corpo e alma". Assim, a contundência das estocadas na alma é sentida em cada célula. Daqueles que, com seus discursos, negam com crueldade a definição de si.

Não há que se esperar moderação por parte dos agressores. É conhecida a reflexão de Dostoiévski na obra *Os irmãos Karamázov*: "De fato, às vezes se fala da crueldade 'bestial' do homem, mas isso é terrivelmente injusto e ofensivo para com os animais". A resiliência ante essa violência será sempre de ordem muito íntima. Mental e orgânica. Espiritual e física.

Continuemos fincando os pés no chão. Não espere dos outros que entendam ou sintam o que você está sentindo. A dor produzida por essas agressões, o medo de que venham a se reproduzir pelo universo, a ganhar a adesão de todos, a impotência de lutar com a pior arma, desmentindo você mesmo, a ingratidão de não ver ninguém te defender, nada disso poderá ser compartilhado. Alguns ficarão do seu lado. Saberão que está arrasado. Mas nunca o quanto, nem como.

Somos ilhas afetivas. Ninguém tem nosso corpo. Tampouco nossa alma. Mesmo quando damos causa a sensações alheias, elas continuam dramaticamente alheias. E nossas dores, dolorosamente só nossas. Com outras palavras, Shakespeare garante em *Muito barulho por nada*: "Qualquer um sabe como cuidar de uma dor, menos quem a sente".

O dentista não sente o medo do cariado. Nem os arrepios produzidos pela broca. O parceiro de intimidades, que opera com o que tem de melhor, não sente nosso orgasmo. No caso de se alegrar com ele, a alegria também será só dele. A solidão é mesmo nossa condição.

Ainda que modestos em nossos propósitos, a tarefa que enfrentamos neste livro é complexa. Por estar "reputação" bem na moda. Com certezas consolidadas gravitando ao seu redor. Reproduzidas em tom de obviedade. E servindo de premissas. Sugerindo inferências. Deduções de outras certezas. Que já nascem aceitas e aplaudidas.

DO FOFOQUEIRO AO FACE

O que pensam e falam de nós, daqueles que amamos e dos coletivos aos quais pertencemos sempre nos afetou. Alegrias, tristezas, temores, esperanças, dores, excitações, angústias. Somos receptores desde a infância de discursos que nos dizem respeito. Tanto que qualquer resistência a discursos que nos afetam requer alarde, bandeira de luta, manifesto.

Tempos atrás, para sermos afetados por esses discursos, alguém tinha de ir contar. Relação copresencial, para os mais pomposos. *Tête-à-tête*. Condição que muito nos protegeu dos maldizeres de que sempre fomos vítimas. Em especial em grandes espaços de interação. Onde a maioria nem te conhece.

Mas sempre haverá um fofoqueiro desocupado que o acaso encarregou de fazer cruzar seu caminho. O afeto efetivamente produzido dependerá muito do seu relato. Da sua versão. De como apresentará o discurso alheio. Das ênfases. Das palavras escolhidas. Dos porta-vozes mencionados.

Estão dizendo que você é ruim de cama. Que seu pai meteu a mão no dinheiro da vaquinha para o baile dos deficientes visuais do bairro. Que a escola onde você dá aula aprova qualquer um para não perder aluno. Que você mandou muito bem na organização da festa de formatura.

Naqueles tempos, além do ti-ti-ti ao pé do ouvido, havia a possibilidade de ser lembrado nas pautas jornalísticas. Sempre aumentada em função da envergadura social da vítima da vez.

Sim. "Vítima". Porque, se você foi lembrado pelos profissionais da informação, haverá tristeza à vista. Os critérios de noticiabilidade muito raramente dão vez a fatos que mereçam aplauso.

Nos dias de hoje, com novas técnicas e meios para comunicar, esses discursos que nos concernem chegam até nós sem mediações. Em grande número de mensagens. A possibilidade técnica de se manifestar faz surgirem discursos que sem ela não teriam sido sequer conjecturados. Com toda a contundência das arestas que a presença física costuma arredondar.

A construção da reputação se objetiva num placar de dezenas, centenas, milhares de mensagens. Atacando e defendendo. Falando bem, falando mal. E muito mal. Com um poder de fogo afetivo sem precedentes.

Se antes era preciso se encontrar na rua com alguém disposto a fazer um balanço de como você está sendo falado, hoje alguns cliques bastam para ter uma ideia da quantidade de gente que te odeia. Ou, melhor, odeia quem acha que você é. E eventualmente ama também.

Essas novas condições técnicas de vida afetiva no seio do grupo social fizeram da reputação um tema repaginado. De interesse renovado. De importância crescente. Bombado nessa nova vida, técnica e afetivamente modificada.

Eis a razão de tanta reflexão. De tanta produção. E de tantos especialistas salvadores da fama. Até mesmo a iniciativa de escrever este livro sobre o tema é da editora que nos acolhe. Aplaudida por nós. Afinal, interessados ou não pelo conceito, estamos todos no mesmo barco. Onde seu significado converteu-se em arma de muitos. E angústia de todos.

AGARRAMENTO FAMILIAR

O caminho que percorreremos para falar do tema nos foi indicado pelos discursos mais recorrentes em circulação. Partiremos do que todo mundo está dizendo. Vamos começar pelo prato do dia. Escolher entre as sugestões do *chef*. Se a palavra "reputação" vem, na boca de muitos especialistas, agarrada na palavra "ética", pois que assim seja neste livro também. Ataquemos por aí. Porém, ao contrário daqueles que estabelecem uma correlação direta entre esses termos, buscaremos outros caminhos.

Afinal, servindo-nos desde as primeiras linhas do que nos parece mais familiar, quem sabe não encontramos terreno fértil para alcançar algum avanço. Chegar um tiquinho além do que é sempre repetido. Superar em alguns milímetros a mesmice. Problematizando sempre. E, quando for possível, solucionando na sequência.

CORRIMÃO SOLTO

Se para entender melhor o conceito de reputação usaremos o de ética como referência, melhor chegarmos a um acordo sobre o significado desta última. Não acha? Caso contrário, não teremos firmeza na hora de nos apoiar. Síndrome do corrimão solto.

Lembro-me de uma aula de química orgânica a que fui assistir na universidade, quando já era aluno de Direito. Manhã ensolarada de sábado. O programa entediante para mim justificava-se. O intuito era galantear uma jovem, aluna daquela disciplina, que me convidara. O professor falava de um elemento *x*. E se servia de outro, *y*, como referência.

Ele acreditava que todos dominassem os atributos de *y*. E tudo indicava que tivesse razão. Deduzi pelas entonações que saber da existência de *y* naquela classe correspondia a estar informado sobre a promulgação da Constituição em 1988 no curso de Direito Constitucional. Por isso, seguia com entusiasmo as associações do docente, que eram acompanhadas do menear de aprovação dos alunos.

Menos o meu, claro. Que ignorava *y* com a mesma completitude que *x*. Sem *y*, fiquei também sem *x*, que dele dependia. Sem nenhum entendimento, aliás. Sobre nada. Sem paciência. Sem a minha paquera. Sem o sol da manhã. Sem alegria. Sem a vida. Catástrofe.

Terrível quando isso acontece.

"Sabe o Carlão?"

"Não."

"Ele é irmão do Djanir. Tão charmoso quanto. Mas um pouco menor de estatura. Aliás, nem sei por que chamam de Carlão. Os mesmos olhos verdes. O mesmo sorriso. Só que mais tímido. Menos falante. O Djanir, bem, esse não preciso nem dizer. De jeito, o Carlão é bem diferente."

"Não tenho ideia de quem seja o Djanir."

"Você não é o Glaucio, pai do Glaucinho? Que mora ali atrás do Zé Candinho?"

ÉTICA? NUNCA OUVI FALAR!

Com reputação e ética, não vamos deixar que aconteça a mesma coisa. O risco não é pequeno. Porque, se sobre butanos e pentanos, Carlões e Djanires, estamos quase todos desculpados de não conhecer detalhes, sobre ética e reputação fica mais chato admitir completa ignorância.

Imagine o mal-estar numa entrevista de emprego. O candidato admite que, embora já tenha ouvido falar de ética, não se interessa muito pelo assunto. E, portanto, não tem a menor ideia do que se trata.

Por essas e outras, sempre haverá sobre o tema um mínimo de conhecimento presumido. Que, paradoxalmente, pode nos complicar.

Por isso, melhor nos entendermos desde já sobre o significado de ética. Para que possamos escorar nela a reputação com alguma segurança. Sem nos alongarmos muito, claro. Já que não é a nossa preocupação central. Ficaremos com advertências pontuais, para não cair nas ciladas mais elementares dos lugares-comuns. Você, como sempre, vem com a gente. Até porque, nesta altura do campeonato, não te resta alternativa.

6 MATAR, MENTIR E MENTA

Se você sair na rua simulando uma pesquisa de opinião e colocar no meio a pergunta "O que é ética?", ouvirá coisas do tipo: "Trata-se de como deveríamos agir ou nos comportar"; "É o que estamos proibidos de fazer"; "São normas que distinguem o certo do errado em termos de conduta"; "É o que os canalhas infringem".

MAIS QUE UM CÓDIGO

Pois bem. Todas essas respostas partem de uma ideia comum: a ética é uma espécie de tabela pronta. Ou um código de conduta. Com todas as ações cogitáveis pelo homem classificadas em duas colunas. De um lado, o que está autorizado. Do outro, o proibido.

O senso comum trouxe para a ética a concepção mais rasteira do direito. "Conjunto de normas". "Entendimento estritamente positivo". A multiplicação de códigos que levam em suas capas a palavra "ética" contribui para essa aproximação. Dão a impressão de que o certo e o errado já se encontram definidos. Como se tudo não passasse de uma questão de respeitar ou não o estabelecido.

Esse tipo de entendimento, tão entranhado no senso comum, nos faz ignorar o principal: estamos buscando a forma mais justa de interagir. Cabe-nos, antes de mais nada, identificar o que há de mais precioso para as pessoas que convivem em um espaço (muitos o chamam de valor). E, só então, deduzir os princípios de conduta que possam protegê-lo. Sua eventual transgressão denuncia a ação indevida de uns e de outros. E tudo no calor da convivência. Da vida vivida. Nada de mera conjectura.

JUSTIÇA ANTES DE TUDO

Na busca por entender o conceito de ética, a aproximação com o universo das normas de conduta e do Direito nos convida a uma reflexão sobre a ideia de justiça. Tudo isso só será possível se dispusermos de algum entendimento compartilhado sobre o justo. O que nos permitiria alcançar, ou pelo menos buscar, tudo que dele depende.

Por exemplo, como fazer justiça? A provocação é antiga. De fato, não há como fazer justiça, nem mesmo enunciar o que é justo, sem saber do que se trata. Só o entendimento de justiça permite identificar os atributos de uma sociedade justa. As condições, os meios legítimos, para alcançá-la. As iniciativas que possam comprometê-la. E, o devir pretendido para toda a humanidade.

A partir dessas convicções, surgirão objetivos coletivos. Em vista dos quais o homem, fazendo uso de sua razão prática, identificará princípios de conduta. Que, se respeitados por todos, permitirão a construção de espaços mais justos de convivência por toda parte. No seio da família, da empresa, da cidade, do país. E entre todos no mundo.

Podem ser princípios de macroalcance, como a inclusão. O respeito à diversidade. Ao mérito. À transparência. Ao sigilo.

Ou mais pertinentes às microrrelações. Como a pontualidade. A lealdade. A gentileza. E — por que não?— a fidelidade.

Mas vale insistir: tudo só será possível se tivermos claro na mente a que corresponde no mundo a tal da justiça. Seu significado maior. Sem isso, patinaremos em retórica vã. E continuaremos à mercê das manobras astuciosas de quem sempre põe a ideia de justo a serviço de seus próprios interesses.

VÍTIMA DA HIPOCRISIA OU SACANA MESMO?

Machado de Assis, em *Dom Casmurro*, nos brinda com sua genialidade. Mostra como ninguém, na história da nossa literatura, o quanto o respeito a um princípio como o da fidelidade vem acompanhado de nuances, de fato e de direito. Obra-prima que, com fineza, ilustra a imensa complexidade que reveste o campo da moral.

O romance conta, sobretudo, a história de um idílio de adolescência. Que chega ao casamento e termina muito mal. Seu narrador, um senhor solitário, relembra seu amor por Capitu, a morena dos olhos de ressaca. Ele desconfia da traição da esposa com o melhor amigo. Pior, desconfia também de que o único filho do casal seria ilegítimo. Fruto desse desastre. Dom Casmurro exila Capitu na Suíça. Nunca mais vê o filho. Exceto por um encontro no fim da vida.

O foco do livro é a traição: teria Capitu traído ou não?

O narrador é parcial. Um viúvo de meia-idade que escreve divinamente. Elegantíssimo. Uma espécie de figura ideal. Moço bom das elites. E os leitores então são seduzidos e levados a aderir a seu ponto de vista.

Para além da história central, de amor e traição, há outra: a de um homem culto, que reúne todas as virtudes de bondade, caráter e elegância do brasileiro rico do século XIX. Que tenta assim nos convencer de que, embora tenha agido da forma mais arbitrária, autoritária e patriarcal, destruindo a vida da mulher que amava e do filho, o fez em nome da reputação. Assim, dá ao autoritarismo a mais fina estampa da civilização.

Em meio a tanta complexidade, não há como organizar a convivência sem algum acordo a respeito do mais importante: o que devemos entender por justo? Quais princípios de conduta podem protegê-lo? Com essas respostas, poderemos definir normas e estabelecer uma relação entre elas e a ética. Veja como viemos de longe para chegar nelas.

NORMAS, FINALMENTE!

Sim. Estamos propondo que as normas não caem de paraquedas, gestadas em algum mundo fora daqui. E isso vale para todos os tipos de normas, das morais às jurídicas, das religiosas às sociais. Porque todas estão a serviço do que é mais valioso para nós. Se não estiverem, são indevidas. Não tem por que serem respeitadas. Por isso, toda tentativa ignorante ou maldosa de reduzir a ética ao respeito a normas já estabelecidas faz esquecer o mais importante. A razão das normas.

Bem, não faltam exemplos. Norma de seleção por cotas, em nome da diversidade. Norma de seleção por notas, pelo mérito. Norma de respeito ao que foi prometido, pela fidelidade. Norma de acesso livre pela internet a todas as informações relacionadas à atuação dos funcionários de um ministério, pela transparência. Norma de acesso restrito a informações, pelo sigilo. Norma que proíbe o acesso à sala de espetáculo depois de seu início, pela pontualidade. Etc.

Todo esse arsenal de regras só faz sentido se inserido numa

cadeia de assertivas e deduções que começou na mais alta abstração da justiça, passou pela humanidade e por seus espaços de interação, pelos princípios de conduta que os protegem e só então chegou às normas. Em síntese, normas são resultantes de um processo social; não brotam do nada.

Assim, se no código de ética de uma organização consta que está autorizada a aceitação de brindes de valor não superior a dez reais ou vinte reais, isso só fará sentido a todos que dela façam parte se conseguirem relacionar o disposto na norma com todo o resto da cadeia.

LOGOS AVANTAJADO

Resta lembrar que, até a presente data, não há um entendimento único, compartilhado por todos, do que seja justiça. Quem sabe ela esteja esperando por algum destemido explorador do mundo das ideias. Dotado de um logos (uma razão e um discurso) avantajado. Capaz de fuçar no interior da própria alma ideias perfeitas que pessoas normais, atrapalhadas pelo baixo ventre, sequer sonham existir. Herói da razão, que, de posse da ideia de justiça, regresse ao interior da caverna. Onde nos encontramos todos. Escravizados pelos sentidos. E condenados à ignorância braçal. Com esse entendimento compartilhado, não erraremos mais. Saberemos atribuir valor a tudo que o homem faz. Individual e coletivamente.

Pois é. Mas os destemidos que se aventuraram para fora da caverna ainda não voltaram com o que estamos esperando. Por isso, continuamos sem esse entendimento único e indiscutivelmente verdadeiro sobre justiça. O que também nos impede de entrar num acordo a respeito de tudo que dele dependa. Como a que corresponderia uma sociedade justa. Por exemplo.

Ou uma cidade justa. Um governo, uma empresa, uma família. E também — por que não? — uma ação justa.

Por isso, acabamos sucumbindo aos interesses de uns e de outros. Que, dos púlpitos da ágora, com alguma habilidade persuasiva, enunciam seus discursos sobre justiça para a adesão de incautos.

A incerteza sobre tudo nos joga na jaula dos leões. Estes, para garantir seus reinos, não hesitam em chamar de justo tudo que lhes parecer conveniente ou interessante. Dão ênfase à liberdade, à iniciativa, ao empreendimento, ao mérito e à dedicação, se assim lhes parece oportuno. Coroando em triunfo de justiça os mais bem-sucedidos.

Viva o vestibular, a competição, o mercado.

Podem, por exemplo, destacar a igualdade. Nesse caso, só haverá justiça se houver oportunidades equivalentes para todos. Distribuição de recursos com a régua que mais beneficiar aqueles que até agora receberam menos. Viva as cotas, as agências reguladoras, o Estado corretor de desigualdades.

CARRASCO SEM FRONTEIRAS

A reputação do cineasta Quentin Tarantino é fazer filmes violentos. Regados a sangue. *Os oito odiados* é um bom exemplo.

A trama faz lembrar uma peça de teatro dividida em seis atos. A história se passa no século XIX, após a Guerra Civil Americana. Oito ocidentais refugiados estão numa montanha durante uma tempestade de neve. O cenário é o velho oeste.

John Ruth (Kurt Russell), caçador de recompensas, conduz sua prisioneira, a famosa assassina Daisy Domergue (Jennifer Jason Leigh) a Red Rock, onde será supostamente julgada e, tudo indica, enforcada.

A reputação de Ruth é de um carrasco. Daisy já aparece em cena com um olho roxo. Vítima de agressões durante todo o trajeto. Mas, diferentemente de outros caçadores de recompensas, que entregam as pessoas mortas, Ruth prefere entregá-las vivas. No caminho, acabam encontrando outras pessoas. Com perfis de odiados. Como sugere o título do filme.

Tarantino enclausura oito tipos sociais muito precisos dentro de um pequeno armazém para que dialoguem. Discutam. Oponham seus pontos de vista. A narrativa é ousada. A reunião dos odiados tem comentários afiados a respeito da posição social das mulheres, dos negros, dos imigrantes e de outras minorias. *Os oito odiados* efetua um retrato da pluralidade social americana.

Em um dos diálogos, surge uma discussão sobre justiça. Daisy é suspeita de homicídio. Mais que isso. Buscam-na viva ou morta. Diríamos por aqui que já foi denunciada pelo Ministério Público. Presumimos que seja culpada. Em Red Rock será julgada, se for entregue com vida. Caso seja condenada, os agentes locais vão enforcá-la na praça. Se tudo acontecer mesmo dessa forma, seguindo o chamado "devido processo legal", alcançaremos o que a sociedade civilizada chama de justiça.

No entanto, imagine, leitor ou leitora, outra cena. Os parentes e entes queridos da vítima arrombam a porta. Arrastam a acusada pela neve. E a enforcam eles mesmos. Fazendo justiça com as próprias mãos, como se diz. No filme, denominam essa iniciativa de "justiça de fronteira". Oferece aos agredidos sobreviventes uma vingança. Em meio à tristeza, a eliminação daquele que odeiam traria alegria. Resgataria alguma potência. Confortaria a vida.

Qual a diferença entre essas duas justiças? A civilizada e a de fronteira? Segundo o que se conclui na discussão entre os oito odiados, a diferença está na presença do carrasco. Profissional da execução. Pago para fazer justiça. Sem nenhum espírito de vingança. Sem afetos especiais pela vítima. Tampouco pelo agressor.

Para ele, é indiferente. Seu trabalho não lhe traz gozo particular. Tampouco asco. Executa em Red Rock. Depois vai para outra cidade. E lá enforca mais um. O homem que puxa a alavanca e parte o pescoço é imparcial. E essa imparcialidade é apresentada como a própria essência da justiça civilizada. Objetivada em protocolos que valem para mais gente. Para qualquer um.

CACHÊS IRRISÓRIOS

Hora de deixar Tarantino de lado. Na arena de pretensões excludentes e contraditórias em que toda sociedade acaba se convertendo, inferimos que o mais importante para uns pode não o ser para outros. E não me refiro aqui às preferências. Essas, obviamente, variam de pessoa para pessoa.

Sorvete, por exemplo, sempre de morango. Mas bolacha, nunca. Isso para o Clóvis. Bolo, de ameixa com doce de leite. Rabada, sempre desfiada no arroz. Banana vai bem com tudo. Nada disso tem relevância ética. São só preferências.

Referimo-nos ao que afeta mais gente. A tudo que é pensado para valer além do eu. Os leitores entendem. Entre não matar, não mentir e não pedir nada com menta, há diferença. A menta fica por conta do Clóvis. Já o não matar e o não mentir transcendem o gosto dele. Eis o que nos interessa.

Já que estamos pensando no que é válido para mais de um, consideremos duas pessoas. Unidade fundamental de convivência. São doutorandos em física. Compartilham o mesmo apartamento. Uma microrrepública. Discutem sobre a melhor forma de interagir. Uma microética. E concluem que ambos carecem demais de silêncio. Primeiro item da lista de valores, naquele apartamento.

Trocamos de república. Deixemos os estudantes em seu silêncio. Agora são colegas de uma banda. Começando carreira de artistas. Tocam na noite. Nos bares menos prestigiados da vida. Em troca de cachês irrisórios. Cantam o que os poucos clientes quiserem ouvir. Tem rolado mais sertanejo. Fernando e Sorocaba sempre agradam. Gostam de compor até tarde. As próprias canções. Nesse caso, o valor maior para ambos é poder fazer barulho.

Claro que o leitor ou leitora pode ter pensado: "Esses dois casos são muito elementares. A coisa já começaria a azedar se no tal apartamento residissem um doutorando e um sertanejo". É verdade. Silêncio e barulho. Princípios em confronto. Protetivos de valores excludentes. A concentração do físico. A criação do músico. Que valor valeria mais? Como pesar? Com que balança?

Nas forças armadas há muito a defender. E, portanto, princípios a respeitar. Como a disciplina. Nada pode superá-la. Uma eventual ação indisciplinada poderia pôr tudo a perder. Comprometer todos os objetivos comuns. Arruinar a harmonia das relações. Já num asilo de idosos, o repouso é o que mais importa. E, portanto, superior aos demais valores.

"ÉTICA É O MELHOR NEGÓCIO"

Nos inúmeros livros que consultamos para escrever esta obra, de autores que vão desde reconhecidos especialistas no tema, prestigiados acadêmicos, porta-vozes de um saber científico autorizado, até pessoas comuns que se metem a escrever mesmo sem chancela institucional alguma, mais propensas a resolver os problemas concretos de seus leitores, todos repetem o mesmo mantra: "É preciso ser ético sempre."

Para os que buscam atingir um público mais corporativo, sabidamente consumidor de livros sobre sucesso, de autores bem-sucedidos, as afirmações ganham um verniz de objetividade profissional. Que busca marcar distâncias da generalidade fluida de tudo que vale também para fora da empresa.

Nessas obras, você, leitor ou leitora, encontrará autênticos clássicos da literatura do capital. "Se você ou sua empresa querem ter uma boa reputação (pessoal ou corporativa), saiba que a ética é o melhor negócio." "Quem não for tido por ético, mais cedo ou mais tarde estará fora do jogo." "O mundo de hoje já não tem lugar para agentes do mercado que não sejam considerados éticos." "A ética é o melhor caminho para a boa reputação profissional." "Colaboradores éticos têm sempre uma boa reputação."

Como já dissemos, vida cem por cento ética é impossível. Porque não obedece à lógica das matemáticas. Ética é uma prática exercitada no dia a dia. Como toda ação prática, está sujeita a erros, deslizes, e também a acertos e melhorias. Aperfeiçoamento que nos torna mais humanos, afinando nossa condição. Acentuando nossa humanidade.

Precisamente por essa razão não devemos falar de "performance moral", expressão recorrente entre especialistas em reputação.

O leitor ou leitora pergunta:

"Se há aperfeiçoamento possível, não poderíamos pensar em treinamento? Tal como no futebol? O goleiro Rogério Ceni, mito para os tricolores, um pouco *blasé* para os torcedores adversários, treinava sozinho cobrança de faltas. Milhares de repetições. Alcançou, assim, excelência nesse gesto. Será que não rolaria iniciativa semelhante no aperfeiçoamento da arte da convivência?"

A sugestão é tentadora. Mas a comparação com o futebol, sempre tão rica e facilitadora, aqui pode perturbar o entendimento. Nas práticas esportivas, há uma separação clara entre treinamento e jogo. Cruelmente desequilibrada, por vezes. Se no futebol há um ou dois jogos por semana, em outros esportes pode-se passar o ano treinando para uma única aferição competitiva da performance.

Seja como for, no treino estamos autorizados a errar. A experimentar. A investigar o que é mais eficaz. Arriscar o absurdo. Porque, de certa forma, não está valendo. Como dizem os atletas, treino é treino, jogo é jogo. Cenário impensável para falar de ética.

Agir eticamente envolve um uso particular da razão. Para refletir e deliberar sobre a ação. É um uso que nos acompanha ao longo da vida. Ininterruptamente. Não há como interrompê-lo para treinar e aperfeiçoar. Esperar melhorarmos um pouco para só então voltar a viver. É o exercício da ética que nos torna humanos. A ética humaniza o homem. Não tem como restringi-lo a quartas-feiras e domingos. Ou a de quatro em quatro anos.

7 ALGORITMO DA MORAL

"Falta ética no mundo! No nosso país, então, nem se fala! Veja as notícias! Todo dia tem mais e mais safadeza! Não sei onde tudo isso vai parar! Não dá pra confiar em mais ninguém!"

Talvez a solução fosse desenhar um algoritmo. Uma máquina qualquer que resolvesse todos os conflitos morais. Assim, eliminaríamos o problema de deliberar sobre a conduta correta. Em qualquer situação. Obteríamos sempre a resposta certa. Para cada ação cogitada pela própria máquina, incidiriam muitas variáveis. Segundo pesos predefinidos. Numa equação do bem agir.

Que variáveis seriam essas? Comecemos por aquelas relacionadas às consequências da ação. A avaliação dos efeitos permitiria a atribuição de valor à sua causa. Assim, uma ação que fez advir coisas tidas por boas terá sido uma boa ação. Já consequências nefastas condenam as iniciativas que as causaram.

Toda ação deliberada pretende alcançar, na mente de quem age, alguma consequência. Conseguir alguma transformação do mundo. E os efeitos da ação são importantes para a atribuição de algum valor ao agir. Afinal, estamos sempre pensando neles.

Dessa forma, na hipótese de um agente qualquer não alcançar o que imaginava na hora de agir, é forçoso retirar-lhe um ponto na nota. Porque ele, o maior interessado, não ficou completamente feliz com o que fez. Os efeitos efetivamente alcançados não coincidiram com os fins pretendidos ao agir.

FRACASSO EM PROSA E VERSO

Quando examinamos essa relação entre causas e efeitos, constatamos muitas modalidades de fracasso. Eis algumas delas.

A ação causa o contrário do pretendido. Um efeito perverso. Do tipo falar bem do colega e gerar uma desconfiança generalizada a seu respeito. Turbinar a candidatura do adversário.

Ou, então, a ação causa um efeito que vai no sentido do pretendido, mas fica aquém. Por exemplo, convencer o chefe da competência do colega. Mas não o suficiente para promovê-lo.

Também podemos cogitar uma ação que produza efeitos além do imaginado. A eficácia foi tamanha que o chefe promoveu o colega para um cargo no exterior, de altíssima responsabilidade. Para o qual ele não se achava preparado.

Outra possibilidade de fracasso: a ação determina o que o agente pretendia, mas é causa de outros efeitos não desejados. Assim, você, leitor ou leitora, pai ciumento ou mãe enciumada, inventou uma história macabra sobre o namorado de sua filha. Essa foi a ação. Para que ela terminasse o namoro. Esse era o fim pretendido. Ela termina o namoro. O fim foi alcançado. Mas, devastada em seus afetos, a filha acaba por enlouquecer. Efeito não imaginado.

Bem, fiquemos por aqui. A investigação sobre o desajuste entre ações deliberadas geradoras de efeitos não pretendidos pode ir ao infinito. Mas, por mais que encontremos novos tipos de fracasso — de consequências não imaginadas para as ações empreendidas —, eles não esgotarão os fundamentos de um valor negativo de nossas ações.

Isso fica claro quando você se pergunta sobre o valor de uma ação, sempre no campo da moral, em pleno sucesso. Em outras palavras: você alcança o que queria, o que te dá um ponto positivo, mas pode ter agido de maneira moralmente inaceitável. Ponto negativo. Ou mais de um. Dependendo do que você fez para alcançar o que queria.

CEO FEITO ÀS PRESSAS

Imagine um vendedor. De um tipo particular. Vende competências. Anuncia altos executivos. Busca-lhes emprego. Altos cargos. E salários compatíveis. Faz visitas às empresas que possam estar interessadas. Conversa com o primeiro escalão. Tudo que diz tem a ver com a reputação dos candidatos que está anunciando.

Nosso agente de emprego vai à luta. Alma atravessada por esperanças e temores. Convencido de que será julgado de forma muito negativa se voltar para a agência sem ter feito contratar o cliente por empregador algum. O efeito contratação do cliente é decisivo para aumentar sua nota. Ganhar prestígio junto ao chefe. Fazer-se conhecer pelo dono da agência. Aumentar suas chances de promoção.

Primeira visita. Diz a verdade sobre o que está vendendo. Competências do postulante ao cargo de CEO daquela empresa. Pontos positivos e negativos. Todos eles. Com a sinceridade que costuma ser a sua. O interlocutor, representando os interesses do capital, ouve com atenção. Agradece. E garante não ser o perfil procurado.

Na segunda visita, ele capricha nos pontos positivos. E dá uma enxugada nos negativos. É ouvido com a maior atenção. Mas, ainda assim, falta alguma coisa.

"Sabe", argumenta o contratante, "isso de ter sido muito *nerd* na vida escolar pode indicar certa dificuldade para o diálogo. Fundamental para as atividades do cargo a ser preenchido."

A manhã já se foi. Zero de contratação. Zero na nota. "Assim não dá", pensa o sofisticado agente de emprego, engolindo um pão de queijo e um café. "Desse jeito serei demitido."

Chega a terceira visita. Última chance do dia. A mais promissora.

Dessa vez, nosso obstinado vendedor não repete os erros das visitas anteriores. Todos os traços negativos de personalidade do cliente, suas lacunas de formação, dificuldades de relacionamento em empregos anteriores são cuidadosamente omitidos. Em contrapartida, os aspectos supostamente positivos daquela candidatura são agigantados sem o menor pudor. Com empenho e habilidade. Olhando fixo para o interlocutor. Vislumbrando, pelos movimentos da face, as mensagens mais esperadas. Reforçando o que parecia tranquilizá-lo. Uma personalidade talhada no improviso. Na demanda do momento. Um CEO feito às pressas.

Bingo. Vitória. Finalmente. O contratante bate o martelo. Aquele candidato interessa muito. Que compareça para as burocracias de praxe. Haverá, claro, entrevistas. Mas o emprego é dele.

Você se deu conta, leitor ou leitora. Nosso empenhado agente só conseguiu o que queria, só alcançou o efeito desejado, quando mentiu, iludiu, enganou. Ofereceu o que não tinha para vender. E todos concordaremos: o valor moral da ação bem-sucedida não pode ser positivo. Os pontos ganhos pela contratação — sua vitória, alegria do cliente, alegria do dono da agência — lhe são retirados no mesmo instante. Mas com que fundamento?

Bem. Esqueçamos por ora o agente de empregos. Um dia o contratante perceberá que o executivo contratado não dispunha exatamente dos atributos enunciados naquela apresentação. Mas isso é problema dele, dizem uns. É problema para depois, dizem outros. Uma coisa de cada vez. Não é mesmo?

ALÉM DE SE DAR BEM

Vem com a gente. Vamos passo a passo. Veja como não é fácil. Ainda bem que já temos a máquina.

Você se deu bem. Ponto positivo. Mas, para isso, devastou tudo e todos que estavam por perto. Ponto negativo. Um só? Tipo pau a pau. Me dei bem, um ponto. Centenas de desabrigados. Menos um ponto.

Ou será que o que acontece com os outros vale mais do que o que acontece com você? Quanto mais? Tem a ver com o número de afetados? Todo mundo vale um? Você prejudicou cem para se dar bem, então, o placar está cem a um?

Em resumo: agindo de maneira *x*, o agente alcançará ou não o que pretende? Ensejará ou não a felicidade de mais gente? A maioria dos afetados pela ação ficará contente? Todo mundo ficará contente?

As mesmas indagações serão feitas para todas as condutas concorrentes — *y*, *z*, *w*, *k* e inúmeras outras. As que a máquina julgar pertinentes.

RAZÕES PELAS QUAIS O AGENTE FEZ O QUE FEZ

Até aqui, o valor comparativo das ações foi determinado apenas pelo que aconteceu como efeito ou consequência de cada uma delas.

Mas a máquina avalia também comparativamente cada uma das condutas tendo como referência princípios práticos. Aqui, não importa mais o que vai acontecer depois. Não interessa o efeito. O que conta é a ação por ela mesma, isto é, "a imanência da ação", para os mais pomposos. A sua essência e interioridade. O valor de cada uma das ações avaliadas reside nela própria.

Para essa análise, o que realmente importa, o que terá ou não valor, não é exatamente o que o agente faz. Seus movimentos, seus gestos, suas palavras. O que permitirá atribuir valor à sua ação é o que passou pela sua cabeça na hora de decidir por aquela conduta. Sua deliberação propriamente dita. As razões pelas quais fez o que fez. Agiu como agiu.

As consequências podem se opor? Sim. Os princípios podem se opor? Sim. As consequências e os princípios podem se opor? Sim. Nenhum problema para a máquina. Ela vai somando.

Façamos um exercício de ficção ética. Resultados para o eu são multiplicados por dois. Para o tu, por três. Para ele, ela, eles, elas, por quatro. Depois, honestidade vezes dois, transparência vezes três, dignidade vezes três, integridade vezes dois, fidelidade vezes dois e por aí vai. Define-se um algoritmo. Isso tudo vira um número. Uma somatória para cada ação. Em uma fração de segundo, ela faz a conta. Indica o número final. Sentencia a conduta certa.

O ALGORITMO RESOLVE

Apertar ou não o botão que detona a bomba atômica? Pergunte para o algoritmo, e não se esqueça das variáveis. Você foi provocado por um chefe de Estado desequilibrado? Foi ameaçado por mísseis que sobrevoam o território do Estado do qual é chefe? Foi constrangido pela detonação já realizada de uma bomba atômica por parte do inimigo? Ponha tudo no *input* da máquina. Espere trinta segundos que ela cospe a resposta do outro lado.

Até que ponto posso me relacionar com um colega de profissão que trabalha para uma empresa concorrente? Pergunte para o algoritmo. Amizade pode? Beijo na boca? Sexo? E se eu me dispuser a usar um gravador embutido no corpo que registre tudo que for dito?

"Espere aí. Deixe eu melhorar o algoritmo."

"Epa! De jeito nenhum. Como assim? Você tá querendo mexer no algoritmo? Com que interesse? Em benefício de quem? Saiba que se trata de uma verdade única, absoluta e universal. Tipo pétrea. Ninguém mexe. Agora todo mundo já assinou embaixo. Fica na sua, mamão."

Seria eticamente aceitável assinar um manifesto contra as politicagens de uma federação esportiva qualquer e, pouco tempo depois, assinar um contrato como técnico da seleção brasileira desse esporte? Perguntem para o algoritmo. Xi. Ele mandou perguntar se o tal técnico foi ou não campeão da Copa para a qual foi contratado. Mas será que isso tem a ver?

Na hipótese do uso generalizado de uma máquina assim, respeitadora do mesmo algoritmo para todas as condutas de quaisquer agentes, ganharíamos muito em previsibilidade. Bem como em segurança. Gerenciaríamos muito melhor as consequências de nossas ações.

E isso é condição importante de algum controle, ainda que parcial, sobre a própria reputação. Ante a fragilidade moral de nossos concidadãos, a acanhada competência para colocar princípios de convivência sobre a ganância de cada agente, a multiplicação desenfreada de iniciativas canalhas impunes, teríamos um aliado de peso e precisão, trazendo esperança aos que aprenderam a respeitar para além do próprio gozo.

Viva a máquina. Viva o algoritmo.

8 A VACA E SUA ÉTICA

Você está conhecendo seu novo local de trabalho. Um chefe imediato passeia pelos andares e salas. Apresenta locais e colegas. E anuncia: "Aqui fica o departamento de conformidade, ou de alinhamento. Antes era chamado de departamento de adequação. Aquele é o diretor. Fulano de tal. O cabeça".

Você, então, pergunta o óbvio:

"Mas conformidade com o que mesmo? Alinhamento ou adequação a alguma coisa específica, imagino! Quanto ao cabeça, indica capacidade de pensar ou posição de poder?"

"Rapaz. Cuidado com essas perguntas! Desse jeito não vai chegar nem ao final do primeiro dia."

CONFORMIDADE COM O CABEÇA

Para evitar esse constrangimento, muitas empresas usam o termo em inglês "*compliance*". Assim, colaboradores curiosos como você, mesmo fluentes em inglês, não se animam a perguntar nada.

Quanto ao cabeça, bem, esse virou *head*. Era previsível. Assim mantemos a subserviência a um idioma só. E convenhamos.

Não é pra qualquer um. Ser o *head* do *compliance*. A nova nomenclatura, nesse outro idioma, suaviza o viés autoritário.

Esse *head*, mesmo não dispondo da máquina do capítulo anterior, comanda a definição do valor ético das ações ali dentro. Aplica seus próprios algoritmos. Definindo o certo e o errado. Descendo a minúcias. E determinando conformidade.

SERVIDÃO VOLUNTÁRIA

Máquinas e *compliances* são bem atrativos. Combinam com tudo que se acha moderno. Por não se saberem pra lá de pós-modernos: embora válidos no estrito âmbito daquela tribo corporativa, não anunciam nenhum crepúsculo do dever. Tampouco um alvorecer de direitos.

Pelo contrário. A tendência é de ultradetalhamento normativo. Regulamentação que reduz a autonomia e o discernimento de cada um a migalhas. Limites estritos de conduta acessíveis por aplicativos. Cabendo em qualquer bolso. A lição de primeiro ano de Direito, segundo a qual a ninguém é escusado ignorar as normas, parece agora fazer todo sentido.

Tamanha clareza sobre a extensão do proibido tira um peso das costas. Não é preciso pensar. Usar a tal da razão prática. Enfrentar dilemas. Tri, tetra e pentalemas. É o fim da angústia. De não saber o que fazer. De ser autônomo. De carregar nos ombros a responsabilidade pelas próprias decisões.

Celebremos juntos. A terceirização da vida. Se um dia alguém nos condenou a ser livres, chegou a hora da nossa redenção. Alforria definitiva. Livremente decidimos abrir mão de qualquer resquício de liberdade superveniente. Servidão mais que voluntária. Escravos por opção.

Além de atrativos, a máquina e seu algoritmo, ou um bom *compliance* firmemente encabeçado, indicam a agonia lenta e progressiva da moral. E a fragilização sem volta da própria ética. Ao menos de certas moral e ética ensinadas pela tradição.

CONTATOS IMEDIATOS

O sucesso da máquina não surpreende. São anos lecionando e palestrando sobre ética. As demandas mudaram muito pouco. De alunos e clientes contratantes. Gestores angustiados solicitam que se lhes proponham respostas certeiras sobre como agir nas mais duvidosas situações. Claro.

Trazem exemplos e pedem conselho. Clamam por um gabarito. É ético fazer isso, é ético fazer aquilo? Como se fôssemos detentores de um saber que, por alguma razão, não estaria a seu alcance. Algum vínculo privilegiado com verdades gestadas fora deste mundo. Em contatos imediatos.

Sabe quem adoraria uma máquina dessas? O jornalista. Que precisa saber se aquela foto de uma pessoa assassinada deve ou não ser publicada. Se a proteção do anonimato da fonte tem limites. Se a escolha da foto mais desfavorável — em meio a centenas — daquele desafeto político do jornal é ou não sacanagem.

O médico também não negaria uma resposta imediata a seus dilemas. Se tem três pacientes para internar, dispondo apenas de um leito, quem tem preferência? Qual o critério justo? Ou mais justo? Ordem de chegada? Maior gravidade? Maior urgência? Maior chance de sobrevida? E no caso de não haver mais nenhuma chance de sobrevida? Manter ligados os aparelhos ou desligá-los?

Os exemplos não acabam. Pense no executivo que lidera uma equipe e não sabe se promove um ou outro de seus subordinados. Por ignorar o que vale mais: o mérito ou a diversidade. Um deles é mais merecedor. Colaborador mais eficiente e dedicado. Já o outro integra todas as minorias que não costumam ocupar altos cargos. E agora?

O mesmo executivo também tem dúvida sobre estratégias que permitem alcançar as metas de hoje, mas comprometem as de amanhã. Afinal, no *banner* de valores constam, um ao lado do outro, foco no resultado — na meta daquele momento — e sustentabilidade — que condiciona essa mesma meta à de amanhã.

TRAIR E COÇAR...

Essa busca de certezas de uso imediato não se limita ao trabalho. Marido ou esposa querem saber se o valor da sua conduta se altera no caso de infidelidade comprovada ou presumida do outro cônjuge. Quando a traição é uma vingança na mesma moeda.

Será que há agravante no caso de o amante ter vínculos familiares ou de amizade com o casal? Afinal, parece maior a indignidade quando a traição é concretizada com o melhor amigo ou a melhor amiga do cônjuge traído. Ou com o cunhado ou a cunhada.

Continuamos especulando. Dependerá o valor negativo da traição do ineditismo da ação infiel? Do tipo "escorregadela episódica" de alguém que durante anos nunca pisou na bola. Será mais grave a prática recorrente? Daqueles amantes de longa data que sequer cogitam interromper seus encontros?

Lembrando ao leitor ou leitora que o objeto da atribuição de valor ético, ao menos nos dias de hoje, é sempre uma conduta. Não a vida inteira.

Em suma. Traidores e traídos querem saber se há perdão ético para uma ou muitas puladas de cerca.

MORAL DE CIRCUNSTÂNCIA

Todos parecem esperar por respostas que lhes resolvam algum problema. Que lhes quebrem o galho. Entendem a ética como uma justificativa moral entre outras. Uma aparência de moralidade. Convicções de conveniência. Que sirvam de unguento para si próprios. Ou que permitam encarar o terceiro julgador tendo algo a dizer. Alguma defesa. Ainda que mambembe.

Estamos aqui bem longe daqueles princípios morais propriamente ditos. Que autônoma e soberanamente decidimos respeitar. Por convicção firme da própria consciência. Abrindo mão de prazeres, vantagens, ganhos, comodidades, se for o caso. Que costumam dar um desafogo para a existência.

Aqui é bem diferente. Depois da besteira feita, nada como um argumento salvador. Um arrimo para a preservação de amizades, a conservação de relações afetivas estremecidas ou empregos ameaçados, defesa para candidatos atacados em tempos eleitorais.

Nessa linha, a ética se objetiva em argumentos que solucionem conflitos. Que ponham fim ao debate. Com assertivas indiscutíveis. Que calem, de uma vez por todas, a boca do debatedor adversário. Movido por interesses conflitantes com os nossos.

Se não der para trazer a razão para si de forma tão definitiva, que ao menos mitiguem as incertezas sobre a conduta de cada um.

ALUCINADOS CÔNJUGES

Pedimos licença para um relato pessoal do Clóvis:

Certa vez, um desconhecido corpulento me abordou na rua. Claramente transtornado. Uma mulher o acompanhava a distância.

“Professor, o senhor poderia explicar para a vaca da minha mulher que a fidelidade é o respeito a um pacto, um acordo, um entendimento? E não aos desejos de mulher vadia, que mudam a cada macho que aparece?”

Fora tomado por porta-voz autorizado do que seria ou não ético no comportamento daqueles dois. Poucas vezes, eu me senti tão mal. A ponto de correr pela rua. Para não oferecer sustentação argumentativa a nenhum dos alucinados cônjuges.

9 RESPINGAR D'ÁGUA FORA DA BACIA

Definimos "ética" como atividade de pensamento. Intersubjetiva e dialogada. Que tem por objeto as práticas. Atribuindo-lhes valor. Permitindo juízos e deliberações. Para os quais a razão busca o melhor argumento, com vistas ao aperfeiçoamento progressivo da convivência. E resulta em ações nesse sentido.

PENSAR E VIVER

Ética não é só pensamento sobre a vida. Não é só deliberação sobre a ação. É também prática. A própria vida, quando escolhida pela alma. A própria ação, quando decidida pela razão. Na ética vivemos a vida pensada. Escolhida, deliberada. E agimos segundo nossas deliberações. Porque pensar sobre a vida, sem vivê-la, é puro devaneio. E viver a vida sem tê-la pensado é pura animalidade.

CAUSAS E VALORES

Na ética pensamos sobre o agir de cada um. Mas de um jeito muito particular. Não se trata de investigar as causas da ação de uns e de outros. As ciências humanas fazem isso. Psicologia, sociologia, antropologia e suas derivações. Na ética não queremos saber por que alguém fez o que fez. Interessa o que deveria ter sido feito. O que deve ou deverá ser feito.

Assim, quando refletimos sobre ética, lidamos com situações concretas de vida e de convivência. Mas temos sempre algum tipo de referência, de contraste. Seja no mundo das ideias, com suas verdades absolutas. Seja nas emoções de agentes e afetados por suas ações. Seja numa razão prática, ao alcance de qualquer um, que define, por ela mesma, imperativos categóricos e taxativos.

OVOS E OMELETES

As pessoas enunciam juízos de valor. Afirmam, o tempo todo, o que acham certo ou errado fazer. Atribuem valor às ações de muita gente. Condenam ou aplaudem as já realizadas. Advertem e sugerem as que estão por vir. Assim, a ética se objetiva num grande espaço de pensamento coletivo. Discursivo e polifônico.

Aqueles que nasceram ontem, mais pra bichinhos fofos do que outra coisa, regidos cem por cento pelo tal princípio do prazer, vão aos poucos sendo bombardeados por mensagens enunciadas pelos que passam por perto. Muitas delas têm relevância ética. E encontram a alma, ou a consciência, com pouca proteção. Sem repertório anterior para resistir.

Certa vez, ouvimos de um pai, no chuveiro de um vestiário, explicando para o filho, de uns cinco anos de idade, que ir estudar em outro país, para onde a família estava se mudando, podia implicar alguma dificuldade.

"É a mesma coisa aqui. Você não gosta de meninos diferentes brincando com você. Desses que vêm de longe. Haitianos, venezuelanos. Não é agradável mesmo. Então. Lá pode acontecer a mesma coisa com você."

Veja que essa tenebrosa reflexão — discurso ao qual tivemos que nos expor, porque os espaços públicos se impõem — atinge a criança com a força da legitimidade paterna.

Aos poucos vamos ouvindo mais coisas. Felizmente, para a criança do chuveiro. Discursos enunciados por mais gente. Essas múltiplas mensagens recebidas vão integrando, com maior ou menor centralidade — em função da legitimidade de seus porta-vozes —, um repertório moral. Garantem recuo crítico em relação a outros discursos. E permitem a produção original de discurso. Por conta própria. Reflexão autônoma. Livre pensamento. Como quiser chamar. Mas que sempre terá como matéria-prima esse conteúdo polifônico recebido de fora.

Assim, o que passamos a enunciar tem a ver, em parte, com o que recebemos e, em parte, com nossas próprias articulações, associações, inferências, deduções, comparações, distinções. Ou seja, com o uso bem singular de nossa própria cachola, capaz de produzir mensagem nova. Inédita. Diferente de tudo que foi ouvido. E genial. Por que não?

Acontece parecido com ovos e omeletes. Estas são mais do que simplesmente ovos reunidos. Trata-se de produção genuína e soberana do *chef.* Mais ou menos excelente. Mais ou menos boa de comer. Mais seca ou mais babada.

Podem vir acompanhadas ou não de outros elementos. Podem ser mais tradicionais. Com queijo. Mais surpreendentes. Com geleia de morangos em pedaços. Infinitas omeletes possíveis para os mesmos ovos. Sem os quais, todavia, omelete alguma rolaria.

INTIMIDADE VEM DA BOCA DO POVO

Um momento particular da ética acontece quando, na intimidade da própria consciência, sem prêmio ou ameaça externa para nos desequilibrar a alma, deliberamos soberanamente. Argumentando em primeira pessoa. Com palavras que circulam na mente, mas não passam pela boca. Dispensam interlocutor. "Moral" é seu nome — e já, já explicaremos melhor a diferença entre ética e moral.

Mas claro. Toda essa rica reflexão intrassubjetiva, que permite o respeito autônomo a princípios de ação, e que nos tira da animalidade mais estrita, do cio dos prazeres e da sobrevivência, requer palavras, signos, sem os quais o pensamento não tem como pensar.

E tudo isso vem de fora. Um dia após o outro. Da interação com a galera. Da polifonia. Das gentes e suas falas. Da promiscuidade do público e do social. Da boca do povo. Ainda que finamente articulado na autonomia de quem pensa, como ninguém mais, sobre os limites da própria ação.

Tudo isso veio de fora. Mesmo que você o chame de seu eu mais profundo. De rincão da consciência impenetrável. Onde você armazena suas convicções mais preciosas. Os segredos que não revelaria — a ninguém.

Pois tudo isso muito mais indica como é o mundo à sua volta, como pensam e se manifestam as pessoas que com você convivem, do que joga luz sobre os corredores, esconsos recônditos, da suprema parte desse eu tão especialíssimo que é você.

Metade, gênese social da consciência. Metade, produção criativa e incomparável da alma de cada um. A ética não se confunde, portanto, com uma tirania social. Um processo de inculcar princípios e normas. De definição de atitudes autorizadas.

Adela Cortina, pensadora espanhola contemporânea, fala em "moral de mínimos partilhados". Princípios, valores, atitudes e hábitos irrenunciáveis que precisam de um diálogo com o outro. Imprescindíveis para que nos tornemos humanos. Renunciar a eles é renunciar à própria humanidade.

CANELAS E ORELHAS

Para além dos Pirineus. Edgar Morin, pensador francês, muito amigo do Brasil, com quem Clóvis teve a honra de estar em eventos acadêmicos, na condição de tradutor e debatedor, nos ajuda a tecer esta linha argumentativa.

Para ele, a ética brota quando dois deveres contrapostos se impõem. Cobrando de nós uma decisão. Chamados que somos a tomar um partido. A dizer de qual lado estamos. Essa *prise de position* de uns e de outros fortaleceria os laços sociais que nos unem.

Para Morin, a obediência a um dever tomado por óbvio e não problematizado é uma questão de vontade, de força e de coragem. Mas nada tem a ver com ética. Esta aparece quando deveres antagônicos se impõem. Resultantes de valores que se opõem.

Não há escolha propriamente dita, e portanto não há ética, quando a decisão recai entre o certo e o errado na sua estrita obviedade. Em casos assim, não há liberdade nem deliberação. Portanto, para haver ética, temos que nos deparar com enfrentamentos entre dois bens. Ou entre dois males.

Não há como não se lembrar da alegoria do cobertor curto. Porque aquecer as canelas numa noite fria é bom. Mas aquecer as orelhas também o é. Canelas e orelhas aquecidas são dois bens, nesse caso. Como o cobertor não tem tamanho suficiente para cobrir ambas, caberá ao friorento tomador de decisões escolher a parte do corpo contemplada.

A ética entra em cena quando precisamos acionar aquilo que se convencionou chamar de consciência moral. Ainda que sejam comumente empregadas como sinônimas, para efeitos didáticos, podemos distingui-las (como prometemos...). À moral caberia o ajuizamento de valores à ação livre dos sujeitos, enquanto à ética corresponderia uma reflexão de todos sobre os fazeres morais. Busquemos um exemplo.

AMOR NOS LUGARES DE CÓLERA

Pense em um matrimônio. Associação livre, afetiva e juridicamente regulamentada entre duas pessoas. Os cônjuges reforçaram entre eles um acordo comum a muitos outros casais. O da monogamia levada a sério. Sexo só com o outro. O outro cônjuge. E vice-versa.

Imaginemos que um dos membros do casal parta para uma viagem a trabalho. O destino é uma cidadezinha perdida no interior de uma floresta equatorial. Ou até mesmo na Espanha mais profunda. Como em Villarrín de Campos. Para contemplar os dois autores. O daqui mesmo e o ibérico.

Um lugar sem telefone, sem internet. *Smartphones*, inoperantes ou inexistentes. Com mínimas possibilidades de comunicação pelas redes digitais. Se a solidão afetiva já nos fulmina a todos, nesse lugar ela vem reforçada de estrito isolamento. Do mundo. Da civilização.

Só restou ao cônjuge de que estamos falando entregar-se às lides profissionais. Executar tudo que dele dependia. Tudo, literalmente. Nada acontecia que não fosse por sua iniciativa. Ocasião para pôr à prova o tal espírito de dono, de que tanto falam os capatazes do capital.

Eis que o mais improvável acontece. Alguém ali perdido esbarra no nosso viajante. Com atributos estéticos robustos, corpo esbelto e talhado para o prazer. Que chamaria a atenção mesmo em outro lugar mais povoado. Teria destaque mesmo onde o aformoseamento é preocupação compartilhada.

Esse alguém propõe uma noite trepidante de sexo. Apenas sexo, sem complicações. Nada de flores, compromissos ou sustentabilidade afetiva. Sem mensagens de WhatsApp no dia seguinte.

Dar ou não dar, eis a questão. *To give or not to give*, diz a pudica tradutora. (Que, para não usar o verbo *to fuck*, assume o risco de manter os anglófonos longe do sentido sugerido pelo shakespeariano porta-voz.)

Lembremos que não há vigilância ou controle. Censura social alguma. Aceitar ou não a proposta daquele ou daquela pretendente resultará exclusivamente de uma reflexão livre e soberana sobre o próprio comportamento. Basta um "sim" para que o tédio daquele lugar se converta em excitação e prazer. Um inesquecível respingar d'água fora da bacia.

10 CUNHADO 6.0

Se o leitor ou leitora não entendeu o título, se avexe não. Ouvimos muito falar em 4.0. Então pusemos 6.0 para que o livro conserve atualidade por mais tempo. Exigência dos editores. Evitar exemplos que se tornem datados muito rapidamente. Estratégia semelhante à de nossas mães. Que compravam sapatos dois ou três números maiores do que nossos pés. Apostando no nosso crescimento.

OS OUTROS E OS OUTROS

Imagine, leitor ou leitora, que faça parte do seu orbital de relações um parente, amigo ou simples conhecido. Um cunhado cairia bem. Fiquemos com ele. Você conhece bem a peça. Sabe que não dá ponto sem nó. Que não perde uma oportunidade. Só age vislumbrando alguma vantagem. Cem por cento focado no próprio ganho, comodidade, prazer e confortável aposentadoria.

Numa tarde dominical de churrasco em família, a conversa resvala para a ética. Você tenta explicar, porque estudou a respeito, que toda reflexão, no campo da moral, tem por objeto o que é melhor para mais de um. Para a convivência. Para a cidade. Para o país. Para a humanidade. Para todos.

Trata-se, como vimos nas páginas anteriores, de uma reflexão sobre a ação do homem. Que considera o outro. Para além dos interesses de quem age. Em que nem toda ação, estratégia ou investida seria aceitável para a busca do que almeja o agente.

Voltemos ao cunhado. Enquanto a conversa está na abstração dos conceitos, ele escuta em silêncio. E continua comendo. As ideias nunca foram mesmo seu forte. Sempre se considerou um executivo. Um homem que executa. O que talvez pressuponha uma orientação prévia. Alguém outro para avaliar possibilidades. E deliberar.

Mas no momento em que, em volta da churrasqueira, situações concretas do cotidiano são apresentadas, ele não se contém. E toma a palavra, indignado. Rugindo contra todo tipo de "outro" que possa impedir seus pequenos ganhos. Ou atrapalhar a mera conservação dos ganhos acumulados no passado. Um imigrante, por exemplo.

Sua exaltação, a do cunhado, claro, aumenta quando o "outro" citado tem mais cara de outro do que os outros outros que sempre fizeram parte do convívio. Afinal, considera esse cunhado que um "outro" haitiano não é o mesmo que um "outro" italiano. Aqueles que são "gente como a gente", "de berço", "que a gente conhece desde criança", "de bem", "de família". Gente diferenciada, como a gente. Local de origem, país, região ou estado, etnia, credo, sotaque, hábitos, tudo serve de argumento para defender o seu.

Você, leitor ou leitora, ante tanta energia despendida, vê que o buraco é mais embaixo. Que a coisa tá feia. Parece haver um condicionamento argumentativo. Um jeito único de pensar. E de ver as coisas. Fazendo lembrar equinos passeando com crianças de berço em estâncias turísticas. Os fins são sempre, e por obviedade, o próprio bem-estar. E o dos seus. Os meios, ora, os mais eficazes. Para alcançar esses fins.

Apesar disso, você não se rende. Tenta encontrar pontos de apoio que possam fazer sentido para alguém tão autocentrado como esse cunhado. E que um dia foi escolhido por sua irmã como marido. E, já em desespero de causa, você tenta uma última cartada.

"Querido cunhado. Você não percebe que se a convivência, onde quer que esteja, se deteriorar muito você terá problemas para conseguir suas metas? Ou conservar seus resultados já alcançados?"

E continua:

"Mesmo só pensando em você, é mais fácil ter o que se quer numa sociedade em que todos compartilhem certo entendimento de justiça, de convivência justa, do que se estiverem todos se sentindo injustiçados. E considerarem tudo que você pretende para si injusto."

Você, leitor ou leitora, olha à sua volta. O tom professoral fez calar a todos. Não há mais como deixar pra lá. Urge voltar à carga.

"Perceba, a ética não implica necessariamente perder. Abrir mão. Ou deixar de ganhar. Pelo contrário, avaliando com um pouquinho de amplitude, ela é ótima para você. No fundo, é um grande negócio. Talvez, você tenha que se privar aqui e acolá de algum ganho. Mas isso é dinheiro de pinga se comparado ao entorno convivial que você estará patrocinando para você mesmo e para os seus."

Agora, a estocada final. Você põe o doce bem ao alcance da criança glutona.

"E digo mais: o discurso da ética tende a suavizar a crueza egoísta das suas pretensões. Descolando um pouco seu discurso dos próprios ganhos, você ocupará uma nova posição de fala. E terá para si novos auditórios. Que não se disporiam a aceitá-lo como porta-voz se a velha ladainha de se dar bem não viesse repaginada de valores, princípios e normas pertinentes a mais gente.

"Esses novos discursos, enunciados em espaços legítimos de circulação, ensejarão uma guinada de identidade. Um jeito novo de ser visto. De ser considerado. E falado. Com novos horizontes de interlocução. Uma nova reputação, portanto. Deixando o patamar da mesquinharia onde se encontram quase todos. Vizinhos da animalidade no cio. E alçando escalões que fazem da sofisticada abstração dos princípios um guia de existência mais humanizado.

"E, como se não bastasse tudo isso, você ainda corre o risco de acabar ganhando mais!"

Nossa, não é que o cara balançou? Como tinha gente ouvindo, e a caipirinha já ingerida não ajudava, ele grunhiu tentando desqualificar suas colocações e mudou de assunto. Mas você, leitor ou leitora, agregou valor. Integrou o repertório daquela figura para sempre. Na despedida, ele deixa claro que você tocou no ponto:

"Mas espera aí! E se o pessoal começar a levar a sério essa coisa de valores para todos? E vier me encher o saco que não pode isso, não pode aquilo? Querendo amarrar minhas mãos?"

"Você saberá encontrar uma saída. Coloque no meio de uma lista de valores algo como 'foco no resultado'. Deixando claro o que continua importando."

"Quer dizer, então, que a ética não é necessariamente se privar, abrir mão, deixar de ganhar? É continuar ganhando de um jeito aplaudido por todos? Veja só!"

AGOSTINHO DA PICANHA

Depois daquele churrasco, nosso amigo se converteu. Esteve a ponto de escrever suas confissões. Adotou, ainda que timidamente, discurso inédito. Responsabilidade social, socioambiental, valores universais, da empresa, fazer do jeito certo etc. Expressões que experimentalmente foram sendo lançadas para ver a reação da galera.

Mais do que isso. Passou a agir de maneira alinhada ao que estava dizendo. Adequando-se a limites. De ação, de estratégia. Definindo para si e para os seus valores e princípios que teriam de ser respeitados. Condicionando seus ganhos a eles. E batendo no peito cada vez mais forte na defesa desse novo mundo.

Pensemos juntos. Por que estava fazendo tudo isso? Qual a razão desses novos limites? Um entendimento de justiça? Uma sociedade mais justa? Pretensão à universalidade de valores e princípios? Submissão dos próprios interesses ao mais interessante para todos?

Talvez não. Nada disso. Talvez não tenhamos nunca saído do churrasco. Em que o outro continua sendo um mero instrumento. Para o que continua sendo o mais importante. E nunca deixou de ser. A satisfação dos próprios interesses.

A VIDA NÃO É SÓ UM NEGÓCIO

A literatura dominante sobre ética nos negócios ou no *marketing* pessoal lança mão de assertivas como: "A ética é um bom (ou o melhor) negócio".

Autores e especialistas, *coaches* de maior ou menor envergadura assim postulam para abordar a questão da reputação pessoal. Nem se cogita dar início a qualquer empreendimento nos dias de hoje sem ter claros na cabeça os valores e princípios que servirão de referência para todas as iniciativas.

Agora, entre nós, querido leitor ou leitora. Seria mesmo a ética um bom negócio para sua reputação?

Não. Resposta simples e direta. À moda catalã. Diretamente dos e-mails da Universidade Autônoma de Barcelona.

Evidentemente, a ética não pode ser um bom negócio para a reputação. Nem para nenhuma outra coisa. Por uma simples razão.

A ética não é um negócio.

E nem pode ser tratada como tal.

Tratar a ética como um negócio é ignorar completamente o conceito. É distorcê-lo. Massacrá-lo. Fazê-lo ser o que jamais seria.

Esse é, em nosso juízo, o erro fundamental que marca quase toda a literatura que aborda, por exemplo, responsabilidade social corporativa, ética nos negócios, carreiras, inovação, sustentabilidade e tecnologia.

Que o leitor ou leitora não tome a advertência como frescura acadêmica. Tampouco como mero preciosismo. Trata-se de um pilar da nossa reflexão. A ética não é uma oportunidade a mais. Uma abertura auspiciosa para novos negócios. Um arejamento para o mercado. Um *plus* para a carreira.

Agora, não vá sair por aí afirmando o que nunca terá lido aqui. E ainda por cima nos dando o crédito. O que dissemos não significa que terminantemente não haja ética nos negócios. Tampouco que desprezemos as políticas de *compliance*. Ou que defendamos que as ações de responsabilidade social corporativa não sejam revestidas de uma ética.

Cabe, aqui, inverter o entendimento dominante. Pensar na ética como cimento da condição humana. E não apenas um instrumento a mais na aritmética de perdas e ganhos, nos bônus e prejuízos do que pensam de nós, nos dividendos de imagem. Própria, do outro e das instituições. Em suma, a ética vai muito, mas muito além do zelo, sempre legítimo, a respeito do que andam falando de nós por aí.

11 FEZES PELO MUNDO

"Se isso cair na net vai ser um escândalo que eu não quero nem ver. Pelo amor de Deus. Apaga isso agora mesmo."

Caro leitor ou leitora. Já terá ouvido algo semelhante. Já terá dito coisa do gênero. Mais de uma vez, provavelmente. Sabe o aperto no coração que costuma acompanhar advertências do tipo. Temor determinado pelas consequências antecipadas na mente. Tipo terra arrasada em segundos.

Em paralelo às crises corporativas, há escândalos. Ocasiões privilegiadas para a produção ou o fomento de alguma celebridade em nossos dias. Um escândalo pode alterar significativamente o que pensam de nós. Atinge nossa notoriedade. "*Noto*", em italiano, é adjetivo. Quer dizer "famoso". Notoriedade é fama. Conjunto de atributos imputados a alguém, no interior de um coletivo de pessoas, de forma mais ou menos estável.

O NARIZ PRA FORA DE CASA

Escândalos são protagonizados por pessoas físicas. Já conhecidas antes do episódio escandaloso. Que contaminam mais ou menos gravemente os coletivos aos quais pertencem. Objetivam-se num acontecimento, no sentido mais rigoroso. Porque nada propriamente acontece quando tudo está em ordem.

Todo escândalo configura ruptura da mesmice. Transgressão de alguma ordem ou norma. Num instante prazeroso para seus consumidores. Graças à interrupção súbita do tédio, garantida por forte intensidade narrativa. Que requer toda contundência em um golpe. Incompatível, portanto, com os tempos da investigação. Da busca custosa da verdade dos fatos.

A desgraça do outro, e não qualquer outro, serve de unguento. Ninguém está a salvo de grandes sofrimentos. Nenhuma vida é propriamente feliz. O escárnio coletivo é o compensador risco a correr para as imaginadas vantagens de ser conhecido e reconhecido por onde passar.

O leitor ou leitora já terá ouvido comentários como o que segue e reparado no regozijo do porta-voz, às vezes dissimulado pelo tom de advertência ou condenação.

"Imagina alguém como ele, idolatrado por tanta gente, ser filmado assim, quase nu, claramente fora de si, nessa promiscuidade toda, com essas pessoas. E o vídeo viraliza desse jeito. Esse não põe mais o nariz pra fora de casa!"

O escândalo, que tanto fomenta o dedo em riste e inflama o espírito da denúncia, também aproxima os flagrados na ribalta dos delinquentes de pequeno porte. Iguala na torpeza e na canalhice os habituados ao holofote e os que só conhecem a penumbra.

A ira teatralizada do anônimo que brada "Fora, fulano" requer uma proximidade e uma intimidade que só o escândalo autoriza. A indignação com tanta visibilidade social é garantida por práticas que sempre estiveram ao alcance de qualquer desconhecido.

NÃO TENHO NADA A VER COM ISSO

Convertido em espetáculo, o escândalo autoriza seus consumidores a dele participar, com seus comentários, réplicas, tréplicas e n-réplicas. Alimenta-se de discursos cujos porta-vozes encontram-se socialmente afastados das personagens envolvidas. Do foco da narração. Sem essa distância, a intensidade do acontecimento se esfarela no interesse ressentido dos que dele fizeram parte.

Com efeito. Da mesma forma que toda consagração depende da manifestação de porta-vozes aparentemente desinteressados no resultado consagrador, um escândalo bem-sucedido também requer opiniões enunciadas por gente com aparência higienizada. Que possa impactar por falar de longe.

"Eu posso falar porque não tenho nada a ver com isso."

Frases como essa costumam anteceder tomadas de posição que pedem licença, na confusão da polifonia, para serem ouvidas, legitimando-se pela isenção.

Agora, será que o escândalo requer mesmo notoriedade prévia de algum de seus protagonistas? Será que a intensificação da produção discursiva global e a aceleração da recepção dessas mensagens, garantidas pelas novas técnicas, não permitiriam fazer de um anônimo uma celebridade?

Os relatos a seguir certamente nos ajudarão. O livro *The Future of Reputation* foi publicado em 2007. É de se supor que suas linhas correspondam hoje ao presente da reputação. Seu autor, Daniel J. Solove, relata, nas primeiras páginas, um episódio que o teria inspirado na escolha do tema.

VOCÊ NÃO VAI LIMPAR ESSA SUJEIRA???

Ano de 2005. Coreia do Sul. Interior de um vagão de metrô. O cachorrinho de uma estudante universitária fez cocô. Ali mesmo. E a jovem não deu nenhum sinal de que pretendesse higienizar o local. Advertida, com ênfase, por uma passageira incomodada com o cheiro e a sujeira, a moça não se abalou. Sugeriu que cuidasse da própria vida.

Ao revisarmos esse episódio relatado por Solove, Clóvis lembrou-se de ter flagrado situação quase idêntica em 1986. O cão de um mendigo defecou na plataforma do RER, trem urbano, na estação Denfert-Rochereau de Paris. Um passageiro manifestou sua indignação. Bufando muito, à moda local. Ao que prontamente respondeu o mendigo: "*Mêlez-vous des affaires de votre cul!*" (algo como "cuide das coisas que saem do seu traseiro", em uma tradução não tão literal).

Voltemos à Coreia e à obra de Solove. Alguém fez uma foto daquela cena. O cão, suas fezes e o desdém da estudante ante a reclamação. Essa foto foi publicada num blog muito popular na época.

Eram tempos em que estávamos apenas descobrindo as potencialidades da Web 2.0, isto é, a possibilidade de editar e publicar textos e imagens na rede de maneira simples e direta. Sem a necessidade de usar programação ou códigos HTML. Época também dos primeiros "virais" mundiais. Entre eles, claro, você já tinha imaginado, a foto da jovem coreana, das fezes e do cão.

MAIS DISCUTIDA QUE TRUMP

O fato, que poderia ter ficado restrito aos passageiros de um vagão do metrô sul-coreano, ganhou proporções planetárias.

Principalmente quando um famoso blogueiro norte-americano publicou a tal foto. E titânicas, pela truculência dos comentários que dali foram surgindo.

A repercussão foi tamanha que durante alguns dias não se falou de outra coisa. Os discursos de qualquer um circulando na internet tinham o tema pautado com amplitude universal. Junto aos que nela navegavam. Bem como junto aos meios de comunicação tradicionais. Que, por essa época, já começavam a buscar na rede inspiração para suas produções.

Em muitos países, emissoras de televisão convidaram especialistas em saúde pública para debater sobre os riscos da presença de fezes animais em locais públicos. Professores de ética e palpiteiros profissionais também foram chamados para analisar o ocorrido. Discutir valores e princípios pertinentes. Juristas denunciavam brechas nas leis de muitos ordenamentos para o tratamento jurídico daquele tipo de conduta.

Algumas estimativas indicam que a foto da moça sul-coreana e de seu amigo canino foi vista por mais de 120 milhões de pessoas. Em poucos dias. Uma exposição fulminante, do tamanho do planeta. Espalhando fezes pelo mundo. Um ventilador que nem a ficção fez existir.

O que fora apenas um ato de rebeldia de uma jovem universitária em defesa de um defecar apaziguado para seu cão, o que não passara de um insignificante conflito, circunscrito a poucos metros de vagão, entre duas pessoas que ali se encontravam, ganhou dimensão global. Com consequências de extensão compatível na vida dos protagonistas.

O cão, até então só um cão de uma estudante, não podia pôr o focinho pra fora de casa sem a imediata aproximação de humanos e seus gritos repetidos e ritmados de cagão. Já a relação com os demais cães mudou muito pouco.

Quanto à pessoa que, pelo relato, teria se indignado com a atitude da jovem, também teve seus dias de abordagem pública.

Com aplausos da maioria. Mas críticas também. Acusada de intolerante. Ressentida. Mal-amada. E hostil à causa animal.

Agora, no que diz respeito à dona do cachorrinho, você pode imaginar. Sua vida virou de ponta-cabeça. Não só porque o mundo inteiro tenha vindo tirar satisfações. De fato, para quem é vítima de um julgamento dessas proporções, os afetos não são apenas abalados pelas pessoas que a confrontam. Com suas presenças e discursos. Efetivamente ocorridos. Mas principalmente pelo que lhe veio à cabeça.

O pior é o mundo imaginado. A expectativa do que possa acontecer. A ignorância do que está por vir. A desproporção presumida de meios. A suposta fragilidade da autodefesa. A avalanche acusatória em progressão geométrica. Temor em estado puro. Queda de potência determinada por conteúdos de imaginação que fazem muito mal. Dias de terror.

Nós, os autores deste livro, escrevemos o texto. Contamos a história. Mas deixamos claro aos leitores: não conseguimos, em momento algum, converter em palavras o que terá sido a vida dessa jovem durante aqueles dias. O que terá passado pela sua cabeça. O medo que efetivamente terá sentido. A violência das suas divagações. A ameaça que terá suportado pelo que ela mesma supôs real.

Tampouco conhecemos a objetividade dos encontros com o mundo. A forma como terá sido abordada. Os xingamentos a distância. A valentia truculenta de quem se sentiu protegido pela maioria. De quem soube que podia tripudiar sem risco. Afinal, a hostilidade estava autorizada. E foi aplaudida.

Consta que abandonou a faculdade. Não espanta. Por muito, mas muito menos, já é para se borrar todo. Tal como o cão. Naquele vagão.

O BRASILEIRO É TÃO BONZINHO

Vamos para um exemplo mais recente. Mais conterrâneo. Menos fecal. E bem mais humilhante.

Ano de 2018. Copa da Rússia. Um grupo de amigos brasileiros lá se encontra. Torcedores verde-amarelos. Sempre entre os mais animados. Pitada de exotismo sempre bem-vinda em eventos globais. Sorridentes, atraem a atenção da mídia de todo o mundo. E dos demais torcedores também.

Nossos conterrâneos, deslumbrados com a beleza e simpatia de algumas jovens russas, aproximaram-se para ver o que é que rolava. Que o espírito de fraternidade, próprio aos grandes eventos esportivos, abençoasse aquela investida. Gravaram com seus celulares as moças falando palavras de baixo calão. De conteúdo sexual explícito. Que as expunha ao ridículo. Ao vexame.

Acreditando enunciar palavras de significado completamente outro, as jovens russas afirmaram, em português, desejar manter relações sexuais com os divertidos e amáveis brasileiros. Fazendo lembrar lá longe a comediante Kate Lyra na *Praça da Alegria*, que relatava, na ingenuidade, artimanhas idênticas de que era vítima sem perceber. Concluindo sempre com seu conhecido bordão: "O brasileiro é tão bonzinho".

Com o avanço da aula de português, e o consequente progresso no uso do idioma de Camões, as russas descreveram também, na nossa língua, suas genitálias, cores e tonalidades. Para a chacota do grupo. Humor fácil e previsível. Que advém da torpeza e do engano.

Galhofa inocente no século passado. Mas incompatível com a igualdade ética, perseguida tenazmente nos dias de hoje. Entre homens e mulheres. O que parecia uma divertida aula de língua estrangeira, troca simpática de conhecimentos entre turistas, era, na verdade, um truque. Um engodo.

DEU MUITO RUIM...

O vídeo que exibe a vilania e o desrespeito para com aquelas jovens foi compartilhado por seus próprios autores. Em seus perfis pessoais. Nos sites de redes sociais. E viralizou. Sobretudo por aqui. Em nosso país. Muitos entraram na onda. Mesma *vibe*. E galhofaram da picardia dos malandrinhos torcedores do esquadrão Canarinho Pistola.

Mas a maioria não curtiu. Foram inúmeras as críticas — e de robusta contundência — à torpeza da ação. Ao espírito misógino da brincadeira. Aqui também, tal como no caso das fezes caninas, a incidência de manifestações foi se agigantando em escalada embasbacante. Abracadabrante, diríamos nós. Coisa de magia, sei lá. Do paralelo 30.

Um dos galhofeiros, autores do vídeo, trabalhava como comissário em uma renomada companhia área. Esta, ante a enxurrada de críticas, temendo algum desgaste de reputação institucional, não titubeou em demitir o funcionário. Por mais que ele estivesse em férias. E tivesse percorrido, até então, trajetória exemplar dentro da empresa.

Ainda que separados por mais de dez anos, ambos os exemplos indicam que não há mais fronteira entre nossa conduta no mundo físico, de carne e osso, e no ciberespaço.

Afinal, o mundo virtual, aquele conhecido como o da internet, das redes sociotécnicas de computadores, também é real. O que fazemos "fora" ou "dentro" da *web* afeta nossas vidas. E, de forma muitas vezes dramática, determina nossa reputação. Assim, não pense você que, por não ser uma celebridade, esteja livre de julgamentos e comentários. Engano seu. Tudo que você posta participa da construção da sua reputação.

CRUEL ESCRAVIDÃO

O episódio "Nosedive" da série britânica *Black Mirror* mostra como as redes sociais e seus instrumentos de quantificação de relações servem de régua para medir, instante a instante, o capital social de qualquer indivíduo.

Tudo que os indivíduos fazem ou publicam é avaliado por meio de notas. Cotação de estrelas. De zero a cinco. O resultado determina diretamente a reputação de uns e de outros. Aqueles com avaliação baixa, próxima de zero, são pessoas marginalizadas e indesejadas no convívio coletivo. Em contrapartida, se a avaliação é próxima de cinco, são considerados *premium*. Recebem privilégios e regalias.

A rede social define a posição ocupada na sociedade. A comparação entre as avaliações faz surgir uma hierarquia, um *ranking*, onde o capital social de cada um é estampado a todo instante. Em contraste com todos os demais. Consagrando com estardalhaço a superioridade de alguns. E a indigência social de muitos outros.

O instrumento de avaliação, mais do que meramente flagrar os recursos sociais de uns e de outros em seus espaços de interação, determina iniciativas e estratégias visando a uma nota mais alta. A parte da vida deliberada por quem a vive submete-se, em cruel escravidão, ao que supostamente possa render dividendos sociais nas aprovações em rede.

Uma sociedade que aplaude o que há de mais execrável no comportamento humano determinará com seus *likes* a iniciativa de mais e mais pessoas alucinadas, investindo em indignidade para ganho imediato desse capital de aprovação.

O que vemos é uma máquina de reprodução da sociedade como ela é. De conservação de representações de mundo. De tirania ideológica.

No episódio, Lacie (Bryce Dallas Howard) é uma garota em busca de ascensão. Investe o tempo todo em iniciativas que, assim supõe, possam lhe assegurar alguma aceitação ou aplauso. Com avaliação 4,2 na rede social, luta para manter sua reputação elevada. Quer alugar um apartamento de alto padrão. Se alcançar uma avaliação de 4,5, obterá um desconto de 20% no valor do aluguel.

A jovem faz de tudo para melhorar sua reputação virtual. Morde um biscoito de que não gosta apenas para postar uma foto. Contrata até os serviços de um *coach* digital, profissional especializado em identificar as melhores estratégias para seus clientes escalarem o Everest da notoriedade aplaudida.

Para construir uma reputação impecável e alcançar o sucesso, Lacie rejeita todos que não estão à altura. Desconsiderando o bom caráter, as virtudes morais e os afetos compartilhados. Como seu irmão, Ryan. Cada segundo de vida em sociedade se transforma num investimento em que a única preocupação é o resultado quantificado pela avaliação. Pense numa pessoa focada.

Sua grande oportunidade de ascensão social surge quando uma antiga amiga, a bem-sucedida Naomi (Alice Eve), com avaliação 4,8, a convida para ser dama de honra em seu casamento. Numa ilha particular. As coisas, no entanto, não saem como previsto.

Após uma sucessão de eventos, a avalição de Lacie cai para 2,6. A ponto de Naomi a rejeitar. Alijá-la da cerimônia. Afinal, os convidados surtariam com a presença de alguém tão mal-avaliado. Mas ela não desiste. Enfrenta situações inusitadas. Invade a cerimônia. Toda maltrapilha. Faz um escândalo. É presa.

A trama do episódio de *Black Mirror* deixa claro que vivemos um fluxo contínuo. Que passamos por vários palcos. Borrando toda fronteira entre nossa vida privada e alguma outra, dita pública. Que o digam os legisladores do nosso país, sempre às voltas com enorme dificuldade para normatizar a proteção da privacidade.

VINCERÒ! VINCERÒ! VINCERÒÒÒÒÒÒ!

Imagine agora as empresas. O comércio eletrônico. Ambiente que exige confiança na hora da compra. A reputação digital pode levar uma empresa à ascensão ou à falência.

Quer um exemplo? Aposto que você já recorreu a algum site para ter uma referência. Checar se a empresa cumpre ou não o prazo de entrega de um produto. Em caso de elogios, você realiza a compra. Se existe um monte de *posts* com reclamações, você busca o concorrente.

"Cara, eu acho que dancei. Comprei dois ingressos para o show do tenor italiano num site. Só depois me disseram que era roubada. Fui checar, e até a data que constava no ingresso não correspondia à do espetáculo."

Veja outro exemplo. O uso do aplicativo para se locomover no trânsito. Ferramenta prática e eficaz. No fim da corrida, o motorista pede sua avaliação. E por quê? Para construir uma boa reputação. Ter mais clientes. O mesmo acontece quando você dá um *like* num vídeo no YouTube. Ou recebe o comentário de alguma pessoa em seu blog.

Mas nosso tema é outro. Precisamos avançar na compreensão do conceito de reputação. Objetivo maior deste livro.

12 DEPRESSIVO & ARREPENDIDO

Querido leitor ou leitora. Se fôssemos você, nós, os autores deste livro, pularíamos a leitura deste capítulo. Passaríamos direto para o próximo. Se achou estranho, leia o quinto parágrafo. Início mais sem tempero, previsível e padronizado impossível. Faz uma apostila preparatória para concurso público parecer prêmio Nobel de Literatura. Você verá.

Obrigaremos você a ler que a palavra reputação deriva sabe-se lá de qual outra palavra. Em latim! Informação com a qual ou sem a qual o mundo seguiria igual. Não satisfeitos, diremos de onde e quando vem o tal termo. Na história. E usaremos o termo "remontar". Que se tivesse a ver com montar outra vez talvez encantasse praticantes de equitação. Mas nem isso. Pouca coisa suplanta em pompa e cafonice palavras que vêm do latim e remontam aos idos de não sei quando.

Por isso, vai aqui nosso apelo. Vire seis ou sete folhas. Sem medo. Se a chance de aprender algo de importante no resto do livro já não é elevada, neste capítulo que você está na iminência de ler, o risco é zero. A única coisa que conseguiremos será proporcionar uma experiência de tédio profundo. Que serve apenas para fazer perceber o quão excitante é o resto da vida. Longe desta leitura.

AZAR O SEU

Bem. Pelo visto você não deu bola para nossa advertência. *Tant pis pour toi*. Pra gastar nosso francês. Aprendido em ensino a distância. Muito a distância. Pra você que não teve essa iniciativa, o que dissemos quer dizer "pior pra você". "Azar o seu". Fique então com a origem latina da palavra "reputação". E ao que ela remonta.

A palavra "reputação" deriva do latim "*reputatio*". Lê-se "reputácio". Que remonta à Roma antiga. Refere-se a uma opinião, conceito ou estima. Que temos sobre alguém ou alguma coisa. A partir, sobretudo, de valores morais que o/a qualificam.

Por isso, quando nos referimos ao que pensam as pessoas de alguém ou de um coletivo qualquer, invariavelmente falamos, desde os tempos da *reputatio*, em boa ou má reputação. Porque "bom" e "mau" são valores. Precisamente por isso insistimos que a reputação traz consigo o debate ético. Ou deveria trazê-lo.

Cabe aqui dar um passo além. E tentar jogar luz sobre alguns sentidos que se escondem atrás do termo "reputação". Identificamos quatro bem recorrentes. Em outras palavras, quando alguém diz "reputação", está querendo dizer, muito provavelmente, uma destas quatro coisas que vamos apresentar. Esses sentidos estão relacionados entre si. Um faz pensar no outro. Parecem indicar uma preocupação comum.

Seja qual for o sentido pretendido, reputação tem sempre a ver com a maneira como nos identificamos, nos definimos. Uns aos outros. Como já vimos, não se trata de cada um dizer quem acha que é. Isso também conta. Mas pouco: somos sempre suspeitos para falar de nós mesmos.

QUASE ESPECTADORES

De fato, falar bem de si está ao alcance de qualquer um. Por isso mesmo não vale quase nada. Sendo assim, a reputação de cada um de nós — bem como dos coletivos aos quais pertencemos — vai sendo construída, em grande parte, pelos outros. Por tudo que dizem de nós.

Isso a coloca dramaticamente fora de nosso controle. Naquela parte da vida que não depende de cada um. Ao menos não completamente. Porque, se assim fosse, ninguém seria tomado por indigno, burro, asqueroso, canalha, cretino etc.

Ora. Em se tratando de uma construção de ideias e discursos realizada por mais de um, num cenário de múltiplas falas, que se justapõem, se sucedem, se apoiam, se desdizem, se confirmam e se desmentem, não é de se espantar que os quatro significados da palavra "reputação", que apresentaremos na sequência, sejam diretamente vinculados à comunicação.

AVALANCHE DE SENTIDOS

Primeiro, reputação está relacionada com fluxos de opinião — discursos enunciados e, em seguida, ouvidos que reúnem alguma reprodução. Mas que também carregam um processo criativo.

Em segundo lugar, reputação tem a ver com a imagem púbica que vai se formando a partir dessas opiniões.

Em terceiro lugar, à reputação se vinculam os conceitos de memória e esquecimento. Como diz Nunes Martins em *Os infinitos do amor*, "a reputação, as vénias e as vaias são sempre realidades passageiras, o mundo dá-as e tira-as, numa lógica infantil que não é senão um jogo de humores superficiais, momentâneos e sem qualquer fundamento profundo".

Por fim, em quarto lugar, o termo "reputação" tem relação direta com as noções de prestígio, fama e notoriedade. Que integram a cultura dos universos por onde esses discursos opinativos passam.

Você torce o nariz. Enfileiramos, um após outro, vários significados relacionados à reputação. Foi uma avalanche. Evacuados todos de uma vez. Em meros três parágrafos. Pedimos desculpas pelo mau jeito. O esforço para não perder sua atenção tem sido constante. Mas aqui fracassamos. Não surpreende. Esse negócio de escrever nunca foi mesmo nosso forte.

Mas como não encontramos ainda o maná de nossas aptidões, vamos testando. Nas experiências da vida. Uma vez concluído este livro, nos arriscaremos no sertanejo. Já vejo no Faustão. Com vocês, Depressivo & Arrependido.

A originalidade do nome da dupla está em não sabermos distinguir quem é um e quem é outro. Podemos trocar de personagem sem nenhuma dificuldade. Não vai ter pra ninguém. Vá por nós. Seja lá o que você fizer, pra dar certo, tem que pensar positivo. Aprendemos num livro comprado no aeroporto.

Bem. Enquanto a celebridade da dupla não chega, temos que concluir com alguma dignidade essa fase de escritores. Por isso, não deixaremos você com aquele tijolo lá de cima. Os quatro significados justapostos. Que mesmo na releitura desceram em seco.

A MÃO DA FILHA

Tempos atrás qualquer aproximação amorosa devia seguir certos protocolos muito estritos. Herança da modernidade e da ética romântica. Algo que perdurou pelo menos do final do século XVII até um pedaço do XX. Qualquer um poderia ficar "malfalado" se não cumprisse os protocolos impostos socialmente para cortejar, paquerar, namorar, casar etc.

Aqui nossa singela homenagem ao grande Costinha em ação na *Escolinha do Professor Raimundo*:

"Quero pedir o sexo da sua filha em casamento!"

"Calhorda. Você quer dizer a mão dela em casamento."

"Não, não. Se fosse pra resolver na mão, eu ficava sozinho mesmo."

A piada, na boca do talentoso humorista, recorria a vernáculo mais explícito. Mas para o livro a adaptação se fez necessária. Afinal, se nós, autores, não temos quase nada a perder, a editora, que nos empresta prestígio e confiabilidade, tem sua reputação a zelar.

UMA POUCA VERGONHA, VIU!!!

Eram tempos de moralismo. Em que consiste isso? Bem, vamos caminhar juntos. Na palavra "moralismo", você encontra a palavra "moral", claro, seguida de um "ismo". Este último também está presente em muitas outras expressões. "Individualismo", "liberalismo", "socialismo", "comunismo", "hedonismo", "machismo", "feminismo" e tantas outras.

Esse "ismo" indica um empenho, por parte de alguns, para fazer daquilo que lhe antecede na expressão uma referência importante. A mais importante. O valor maior na hora de pensar os dilemas existenciais, políticos, éticos etc. Não só para si, claro. Mas para todos.

No limite, seria essa a diferença entre o liberal, que se limita a ter a liberdade como suprema referência para si, e o liberalista, que gostaria que valesse para todos.

Assim, para os partidários do individualismo, o mais importante a proteger, no caso de termos de escolher algum caminho, é o indivíduo. Para os do liberalismo, a liberdade. Não à toa costumam caminhar de braços dados. Para o racionalismo, o que a boa razão determinar. Para o hedonismo, o prazer. Para o empirismo, a experiência pelos sentidos.

Já para o socialismo, o que vale mais na hora de pensar a vida e a convivência será sempre a sociedade. Para o comunismo, a proteção do que é comum. Para o igualitarismo, a igualdade entre todos. Para o machismo, o macho.

Ora. Depois dessa exaustiva lista, que poderia ser cortada pela metade sem comprometer em nada o entendimento, voltamos ao moralismo. Que coloca a moral como o que há de mais importante. A referência maior. O que mais importa.

HIPOCRISIA ATÉ O TALO

O problema é que, nesse caso, há uma distorção. Porque se a igualdade, a liberdade e o prazer aceitam bem uma campanha de muita gente para legitimá-los, a moral, referindo-se a uma atividade autônoma da consciência de cada um, não se presta a nenhum tipo de orquestração intersubjetiva que se imponha a quem quer que seja.

O moralismo, ao fazer da moral uma referência obrigatória para todos, acaba, pela força social de todo "ismo", invadindo a soberania interior em que a própria moral se objetiva. Quando essa dificuldade resvala para o senso comum, a incompatibilidade fica ainda mais gritante.

Porque, enquanto a moral se converte num conjunto de valores, princípios e normas sobre o qual a consciência individual deliberou, em plena soberania interior, como definidores da ação de si mesmo, o moralismo, por se tratar de bandeira coletiva, acaba se convertendo numa atividade de muitos de atribuir valor à conduta de terceiros a partir de um olhar externo, não raro policialesco.

AZEDOU PARA OS DE LA MORA

O leitor ou leitora encontrará um ótimo exemplo de moralismo enquanto hipocrisia nas relações sociais na série mexicana *La Casa de Las Flores*, de extraordinário sucesso. A frase de abertura, de Van Gogh, dá o tom. Crítica contundente da tal normalidade da vida:

"A normalidade é uma estrada pavimentada: é confortável de se andar, mas nela as flores nunca crescerão."

A trama apresenta com humor a escassa autenticidade das atitudes nas relações familiares. E, para produzir junto ao espectador o efeito pretendido, aposta no surreal.

Tudo acontece em torno da Família De La Mora. Perfeita aos olhos do resto da sociedade. Um exemplo de tradição e moralidade. Reputação impoluta e inabalável. No entanto, com o desenrolar da trama, em meio a revelações progressivamente perturbadoras, as máscaras de seus membros vão caindo.

A história começa em uma grande festa. Um dos maiores eventos sociais do ano. O aniversário do patriarca, Ernesto. Durante a cerimônia, a floricultura, negócio responsável por manter o *status* da família, vira palco de um trágico suicídio. Roberta, sua amante, se enforca.

A traição vem à tona. A morte da amante denuncia sua existência pregressa. Abala toda a família. Mas os convidados são blindados. Ignoram o ocorrido. Não têm acesso ao cadáver. E a festa continua. Como se nada tivesse acontecido.

Virginia, a matriarca, só se preocupa em tirar a foto tradicional, com toda a família. E, assim, garantir seu espaço nas revistas. Por milagre, as aparências estavam salvas. Eis o mais importante.

Abalada com a traição do marido, pensa em separação. Descobre que a filha Paulina sabia há tempos da infidelidade do pai. Vinte anos. E nada lhe informara.

Elena, sua outra filha, reside em Nova York. E aparece de surpresa. Apresenta o namorado. Um homem negro. Relação inconcebível para a conservadora e preconceituosa matriarca.

Por fim, seu filho, Julián, tem um relacionamento oficial com Lucía. E um caso com Diego, o consultor financeiro da família.

Virginia, determinada a não manchar a reputação da família, mostra-se disposta a esquecer a traição do marido. Pede para que todos os informados guardem segredo. Até o túmulo. Tudo parece resolvido.

Eis que surge Micaela. Filha de Ernesto com Roberta, sua recém-finada amante. Esta, antes de abreviar a própria existência, escrevera uma carta para Virginia. Com mais segredos revelados.

Eis que o grande chefe da família é preso. Com gosto de vingança para a esposa, há tanto tempo traída. Claro que, para proteger a reputação familiar aos olhos de toda a sociedade, Ernesto teria partido a trabalho. Para o Japão.

A série é cheia de reviravoltas e revelações chocantes. Maridos e esposas infiéis, falência, narcotráfico, vídeos íntimos vazados são os intermináveis percalços que a família terá de enfrentar. Com imenso esforço de opacidade. Evitando toda transparência. Num exercício de aparências que converte todos em pífios atores. No sentido cênico mais pobre possível.

E existe outra "Casa das Flores". Um cabaré. Mantido por Ernesto e pela falecida amante.

Claro, chega uma hora que não dá mais. A realidade cobra a conta. Passa a fatura. Toda farsa, mesmo na criativa ficção mexicana, tem limites. Torna-se impossível manter as aparências. A casa dos De La Mora cai pra valer. Não sem muita diversão e entretenimento para os espectadores da série.

Por essas e por tantas outras, seja a casa de que flores forem, o moralismo tornou-se sinônimo de hipocrisia. Distanciamento consciente entre os princípios efetivamente usados para deliberar sobre o próprio agir e aqueles cobrados de terceiros em suas deliberações morais. Tornando toda canalhice um atributo de conduta alheia. Exclusivamente. Jamais da própria.

O poema "Caráter *versus* reputação", que circula amplamente por meios digitais e é atribuído ao teólogo William Hersey Davis (1887-1950), encanta e esclarece.

> *Caráter é o que somos. Reputação é aquilo que os outros pensam que somos.*
>
> *As circunstâncias entre as quais você vive determinam sua reputação. A verdade em que você acredita determina seu caráter.*
>
> *A reputação é o que acham que você é. O caráter é o que você realmente é...*
>
> *A reputação é o que você tem quando chega a uma comunidade nova. O caráter é o que você tem quando vai embora...*
>
> *A reputação é feita em um momento. O caráter é construído em uma vida inteira...*
>
> *A reputação torna você rico ou pobre. O caráter torna você feliz ou infeliz...*
>
> *A reputação é o que os homens dizem de você junto à sua sepultura. O caráter é o que os anjos dizem de você diante de Deus.*

MANIFESTO DE 1964

Ao relatar o medo de "ficar malfalado" por uma abordagem amorosa, a música cantada por Jair Rodrigues em 1964 imortalizou a máxima que vaticina: "Deixa que digam/ Que pensem/ Que falem/ Deixa isso pra lá".

Deixa que digam. Que pensem. Que falem. A letra da música, já na década de 1960, faz um apelo. Apresenta-se como um autêntico manifesto. Que deixemos de viver com medo.

De decidir pelo temor. Do que possam dizer de nós. Sem essa resistência, continuaremos escravos. Daqueles que nos controlam de fora. Pelo chicote do maldizer.

Que assim decidamos nossa própria vida em função da legítima e soberana vontade individual. Com os limites da nossa consciência moral. E dos ordenamentos, que nossa condição de cidadãos faz respeitar. De novo Fernando Pessoa, nas suas páginas íntimas e de autointerpretação, nos oferece sua generosa genialidade:

> *Hoje, ao tomar de vez a decisão de ser Eu, de viver à altura do meu mister, e, por isso, de desprezar a ideia do reclame, e plebeia sociabilização de mim, do Intersseccionismo, reentrei de vez, de volta da minha viagem de impressões pelos outros, na posse plena do meu Génio e na divina consciência da minha Missão. Hoje só me quero tal qual meu carácter nato quer que eu seja; e meu gênio, com ele nascido, me impõe que eu não deixe de ser.*

Rebeldia heroica. Até mesmo para os celebrados. Que, para conservar a celebridade, arqueiam. Milhares de horas dedicadas ao culto a si. Se quiserem manter-se, precisam descer do Olimpo. E interagir com fãs. Para os quais uma foto com a celebridade é um triunfo pessoal. Porque só pensam em si. E desdenham do ídolo. Bem como do próximo fã da fila.

MANIFESTO DE NOTTING HILL

Deixa que digam. Que pensem. Que falem. Desabafo que poderia estar na boca de Julia Roberts, linda mulher, interpretando a atriz Anna Scott em *Um lugar chamado Notting Hill.*

Bonita e talentosa, Anna é a atriz do momento. Vive o auge de sua carreira. Sempre rodeada de jornalistas e fotógrafos interessados em sua vida pessoal. A fama, no entanto, parece não lhe trazer nenhuma felicidade. A vida amorosa da atriz está longe de ser um sucesso. E seu sofrimento é convertido em entretenimento. Para a distração de muita gente.

Anna viaja para Londres a fim de divulgar seu mais recente filme. Trabalho que lhe rendeu 15 milhões de dólares. Em um raro instante de folga, buscando um pouco de isolamento, visita o bairro de Notting Hill. Entra numa pequena livraria, especializada em guias de viagem.

É atendida pelo dono. E também vendedor. O tímido William Thacker (Hugh Grant). O rapaz lhe parece atraente. Formal e metódico. Apesar de reconhecer a atriz, Will comporta-se como se ela fosse uma cliente como outra qualquer. O que a agrada imensamente.

A trama do filme é o envolvimento afetivo entre eles. Todos os encontros são pautados pelo mesmo tema: o contraste entre a fama da atriz e o anonimato do vendedor de livros. Aquele romance permite a Anna identificar a maior causa de sua tristeza crônica, de seu fracasso existencial: o distanciamento progressivo entre sua reputação e o mundo que a faz verdadeiramente feliz.

Entreter com sua imagem exigia dela presenças, condutas, reações, decisões, enfim, uma vida que não lhe agradava ter. De jeito nenhum. Por outro lado, era essa mesma imagem que lhe garantia todo aquele sucesso profissional e financeiro.

Rachel de Queiroz, na belíssima crônica "A fama e a realidade", descreve, com a habitual genialidade, o preço de vida pago pelo esplendor do palco.

> *Vendo o indivíduo assim celebrado, a ideia que logo me ocorre é que ele não recebe nada daquilo grátis. Paga um preço alto, altíssimo: [...] a responsabilidade no momento dramático e solitário em que deve executar a performance que é a fonte da sua fama, que o coloca acima das demais criaturas. [...] Quando chega a hora de entregar a mercadoria, com o velho corpo é que se paga — quando também a alma não vai de roldão.*

Anna vive uma autêntica crise de valores. Uma dissonância. Entre o mundo dos símbolos compartilhados, das imagens e declarações públicas, das aparições, dos eventos e do dinheiro, de um lado, e o mundo desejado de paz e ataraxia, sem sobressaltos, garantia de um tipo de felicidade que há muito lhe escapa.

Os raros instantes de alegria denunciavam o vazio da fama. Os intermináveis momentos de submissão ao olhar dos fãs jogavam a luz sobre a felicidade fora dali.

Só resta fazer coro com Jair Rodrigues e cantar a plenos pulmões, assumindo o desapego que a decisão exige: "Deixa que digam, que pensem, que falem...".

Ah! Claro. Isso é Hollywood. A atriz escolhe o vendedor. A simplicidade. O bucolismo. O anonimato. O amor. A vida feliz. Gesto de coragem e desapego que outros, menos famosos, e com muito menos a perder, não conseguem ter.

Só que não. Não completamente. Ela ficou com o vendedor. Isso é verdade. Afinal, são lindos. Feitos mesmo um para o outro. Complementares a não poder mais. Mas o resto não terminou do jeito que descrevemos. Anna não abre mão da vida de celebridade. Continua badalada. Cortejada. Assediada. E cumprindo tim-tim por tim-tim os pré-requisitos da idolatria. Frequentando todos os espaços de consagração. Deixando-se flagrar, como sempre, pelos meios do espetáculo. Circulando com altivez por onde as luzes dos holofotes são mais potentes.

Quanto ao vendedor de livros... Bem. Este chega ao fim do filme tentando se adaptar. Fazendo concessões. Vivendo numa ribalta que nunca esteve armada para ele. Condenado à estrangeiridade. Ao paraquedismo. E ao estranhamento.

Perdido. Em meio a troféus que nunca quis erguer. Com valores que nunca valorizou. Amealhando um capital-exposição de que nunca cogitou dispor. Sem saber convertê-lo em nada que pudesse lhe fazer bem.

13

NA HORA DE FALAR ME EMBANANEI TODO

A palavra "opinião" tem sua história. E sempre mereceu a atenção de grandes pensadores. Platão e Rousseau, para citar dois dos maiores. Representantes do pensamento antigo e moderno.

Toda opinião é, antes de mais nada, um tipo de pensamento. Objetivado em signos. Em palavras, sobretudo. Mas também imagens, apenas imaginadas, desenhadas, pintadas, caricaturadas etc.

"Mas como assim? Quer dizer que as palavras não são só usadas para falar com as pessoas? Para comunicar? Para expressar uma opinião?"

PENSO, LOGO PALAVREIO

Usamos as palavras para comunicar. Sem dúvida. Mas para pensar também. Você entra num ônibus urbano. E constata que tem muita gente ali dentro. Um pensamento atravessa sua mente:

"Ônibus lotado é insuportável."

Como você está sozinho, não abrirá a boca. Não dirá nada. Essas quatro palavras foram usadas apenas para pensar.

Permaneceram no seu interior. Não abandonaram seu espírito. É uma opinião que você guarda para si.

Mas, se o distinto leitor ou leitora estivesse acompanhado, poderia converter esse pensamento em discurso falado. Dizendo exatamente o mesmo que pensou. Com as mesmas quatro palavras. A matéria-prima do pensamento, que não saiu da mente, e a do discurso enunciado com o uso da boca foi a mesma. Palavras.

Tantas coisas decorrem do que acabamos de dizer. Vamos a algumas delas.

MALANDRO É MALANDRO

Em primeiro lugar, o domínio das palavras, conhecer seus significados e saber usá-las, oferece as condições para um pensamento rico e preciso. Inversamente, as lacunas do vernáculo vão comprometendo nossa produção intelectiva.

Sabem bem disso os que tentam se expressar em outro idioma. Querendo fazer milagre com meia dúzia de palavras. O pensamento empobrecido os faz parecer tolos. Adultos infantilizados.

Exemplo: em japonês, Clóvis não tem problemas para relatar o que fez durante o dia. As linhas de metrô, as estações, os locais visitados, as compras feitas, o que comeu nas refeições. Tudo isso sai com relativo charme até.

Mas se lhe pedirem para explicar quais os entraves que o Brasil enfrenta para alcançar um estágio de capitalismo mais avançado e maior competitividade internacional para suas empresas, o mais provável é que não entenda a pergunta. Se, por milagre, atribuir algum sentido e tentar responder, vai ser vexame na certa.

A mesma dificuldade enfrenta a personagem Fabiano em *Vidas secas*, de Graciliano Ramos. Fabiano vivia longe dos homens. Só se dava bem com animais.

> *Montado, confundia-se com o cavalo, grudava-se a ele. E falava uma linguagem cantada, monossilábica e gutural. [...] Na verdade falava pouco. Admirava as palavras compridas e difíceis da gente da cidade, tentava reproduzir algumas, em vão, mas sabia que elas eram inúteis e talvez perigosas.*

Essa limitação de pensamento, decorrente de escasso material semiótico, é extensiva a todos os discursos que têm por objeto as pessoas. Quanto mais tosco for o domínio das palavras, mais rudimentar, grosseira e imprecisa será a construção de pensamento a respeito de nós mesmos e dos outros. Maior a tendência a uma reputação diminuída em suas sutilezas. Apequenada em detalhes. Reduzida em complexidade.

Por isso, como esclarece Neguinho da Beija-Flor, em música imortalizada pelo grande Bezerra da Silva, a malandragem domina o vernáculo. É capaz de enfeixar palavras e deslizar sentidos. Afinal, "malandro é malandro e mané é mané".

COMEÇANDO PELO QUE NÃO É

Em segundo lugar, um parágrafo de negativas. As palavras não são a mera roupa do pensamento. Não são sua faceta aparente. Pensamento e palavras não são coisas diferentes que entram em relação. Uma conferindo visibilidade à outra. Não se trata de primeiro pensar e depois escolher as palavras para tornar esse pensamento comunicável. Nada disso.

O pensamento e a articulação das palavras são uma coisa só.

Fazer brotar na mente as palavras de forma organizada já é o próprio pensamento. Não há nada além disso.

E vamos mais longe. Se houver comunicação, o enunciado das frases será concomitante ao próprio pensamento. Tornando uma falácia afirmações tão comuns como: "Eu sei, mas não sei explicar". "Sabia tudo, mas na hora de falar me embananei todo."

Porque não saber explicar é o mesmo que não saber.

O SOL NA CABEÇA

Em terceiro lugar, as palavras são reais. Constituídas por letras reais. Realidade que está no lugar de outra.

Você pergunta: "Qual a vantagem de substituir uma realidade por outra?".

Ora, imagine se você, para pensar sobre uma cruz, tivesse que inserir na cabeça dois pedaços de madeira, ou de outro material qualquer, um horizontal, outro vertical, cruzados assimetricamente no eixo vertical e simetricamente no eixo horizontal.

Mais incômodo ainda se fosse pensar sobre o Pão de Açúcar, o Everest ou as estrelas do firmamento. O sol na cabeça. Só mesmo seus raios no couro cabeludo. As palavras que estão no lugar disso tudo são flexíveis. Permitindo uso irrestrito e confortável pela mente.

"Só pensamos através de palavras?", o leitor ou leitora pergunta.

Não, claro que não. Você pode imaginar, agora mesmo, uma cruz, montanhas e estrelas, desenhadas, pintadas, ou o que você supõe que sejam elas mesmas. Mas, se a abstração do objeto imaginado aumentar, o pensamento por imagens vai se perdendo.

Assim, na hora de expressar saudade, alegria, você pode usar corações, fogos de artifício, estilo *emoji*. Mas a imprecisão aumenta. Coração é mais amor que saudade. Fogos de artifício indicam também festa, além de alegria. O pensamento fica impreciso e a comunicação, comprometida.

VALE MAIS QUE MIL PALAVRAS

Em quarto lugar, uma imagem até pode conter uma opinião. Mas para que seu sentido se complete, seja no interior da mente de quem pensa ou enuncia, seja na mente do interlocutor, terá que vir acompanhada de palavras.

Haverá quem diga que uma boa imagem vale mais que mil palavras. Que seja, na régua da persuasão. Mas todo esse efeito persuasivo que confere tanto valor à imagem depende muito de palavras para se objetivar.

Assim, uma caricatura, uma charge, uma pintura, um desenho qualquer pode estar carregado de sentido. E de opinião. Mas tanto a sua produção quanto a sua recepção requerem dos artistas e dos receptores de suas mensagens o uso das palavras para a construção desses sentidos em suas mentes.

Você encontra, em seu jornal diário, uma caricatura de um político conhecido trocando a cueca, fechando uma mala ou se evadindo com um saco marcado por um cifrão. O desenho está lá. Mas você não dará um passo de significado sem usar palavras. Toda interpretação exigirá sua articulação.

Qualquer inferência, da mais simplória à mais sofisticada, do simples aplauso do senso comum à complexa condenação do abuso generalizador que serve de premissa ao autor da mensagem, só se fará por intermédio de palavras.

Bem, fiquemos por aqui. Opinião é pensamento. Objetivado em palavras. Por enquanto é isso.

14 ABACAXI COM CASCA E TUDO

Nem todo pensamento é uma opinião. Não são sinônimos.

QUATRO DEDOS EM CADA PÉ, E NADA MAIS

A constatação com os olhos de que há quatro pessoas numa sala vem acompanhada de um pensamento no mesmo sentido:

"Há quatro pessoas na sala."

As palavras foram organizadas pela mente. A frase está pensada. E poderá ser enunciada a qualquer momento. Havendo condições sociais de fala. Perfeito. Mas não há nesse pensamento nenhuma opinião.

Como também não configura opinião a informação sobre o ano em que nascemos. O que comemos pela manhã. O nome da esposa. A população de Guadalajara. O clube brasileiro tricampeão mundial de futebol. O número de dedos que um dos autores deste livro tem nos pés. Etc.

E você, leitor ou leitora inquieto, ávido por clareza, pergunta:

"Se nem todo pensamento é uma opinião, o que é necessário para que isso aconteça? O que faz do pensamento uma opinião?"

O ESTROGONOFE DO DEGAS É IMBATÍVEL

Toda opinião contém algum juízo de valor. A respeito do mundo sobre o qual a opinião recai. Uma articulação de signos, palavras, que reúne — em torno de verbos de ligação — objetos, coisas do mundo e valores. Tanto os objetos quanto os valores, contudo, poderão ser explicitamente mencionados ou apenas sugeridos.

"Robert De Niro é um grande ator." "São Paulo é uma loucura de cidade." "Rogério Ceni foi um exímio batedor de falta." "Quando ele pede a palavra, vem coisa." "Livro sem notas de rodapé, sem muitas citações e sem uso de um robusto jargão acadêmico é obra de charlatão." "Mais dinheiro para custear uma educação fundamental pública de excelência. Eis a maior urgência." "Arroz caldoso com carne e pequi é uma delícia." "O estrogonofe do Degas..."

Nesses exemplos, Robert De Niro, São Paulo, Rogério Ceni, ele, livros não acadêmicos, educação fundamental e arroz de pequi são objeto de opinião. Sobre todos eles há atribuição de valor. Grande ator, uma loucura, obra de charlatão, excelência, delícia. É verdade que o "vem coisa" pode indicar irreverência, contundência, genialidade. Mas certamente não indica indiferença, trivialidade, banalidade.

ESSE ERA CRAQUE! NÃO HÁ DÚVIDA!

De onde vem o valor? Pode parecer simples. Mas não é. Dois pensadores gigantes discordam pesado sobre o tema. O que é preciso para concluir que Neymar é um craque? Ou, mais modestamente, um grande jogador?

Alguém logo diz:

"Compare com os cabeças de bagre que estão jogando no seu time."

E o outro responde:

"Mas, se comparar com o Messi, falta muito para virar craque."

Para discutir o valor do jogador, tanto um quanto o outro dos conhecedores de futebol recorreram a comparações. E ficou evidente que esse valor muda em função da referência que usamos para comparar. Infinitas referências, infinitos valores. Para chegar a um valor, basta escolher a referência mais conveniente. Conflitos de interesses acabam se convertendo em conflitos de referências.

Por enquanto não saímos do lugar. Não evoluímos um centímetro a respeito do valor do mundo. O que temos é gente gritando para justificar suas preferências. E permanecemos na total incerteza a respeito de quanto as coisas valem.

Só sairemos dessa pobreza de pensamento se dispusermos de uma referência indiscutível. Que seja aceita por todos. Que paire sobre as preferências individuais e de circunstância. Que ninguém discuta. Como um gabarito universal.

Já sei. Pelé. Pavarotti. Maria Callas. Picasso. LeBron James. Chaplin. Já está bom. A tentativa foi boa. São nomes mundialmente conhecidos. Os maiores em algum momento. Mas, ainda assim, haverá quem prefira o Maradona, o Plácido Domingo, Montserrat, Michael Jordan, Woody Allen. E a lista pode não ter fim. Em cada especialidade.

"Como poderemos, então, ter segurança sobre o valor das coisas, se as referências não se impõem a todos como tais?"

O único jeito é construí-las perfeitas. Ou encontrá-las perfeitas lá onde possam estar. Fora daqui. Longe do nosso mundo de carne e osso. E sua perfeição as tornará indiscutíveis. Seguras. Aceitas por todos que as conhecerem.

Não mais um jogador, como Pelé ou Maradona. Não mais um cantor, desenhista, pintor desses que existiram em algum momento entre nós. Dispomos agora da ideia do belo, do bom, do verdadeiro, do justo e de tudo mais. É o que ensinam alguns grandes pensadores, ditos idealistas. Todos inspirados no mais famoso deles: Platão.

As coisas que você encontra pelo mundo, essas que você percebe pelos sentidos, são como sombras imperfeitas. Todas elas têm um modelo. Uma forma perfeita. Que não encontraremos nunca andando pela rua. Porque já se encontra em nós. E podemos acessá-la pelo uso da razão.

GALINHA-MODELO

Digamos que uma galinha tenha chamado sua atenção. Saiba que há uma forma perfeita dessa galinha. Uma essência. A galinha-modelo. A ser encontrada pensando a respeito. Aquilo que toda galinha tem que ter para ser galinha.

"Tudo bem. Mas e o valor?"

Ora, nesse caso, o valor, definido com segurança e universalidade, adviria da comparação entre o mundo, ao qual vamos dar uma nota — no caso a galinha de carne e osso —, e o gabarito, sua forma perfeita, que nos serve de referência.

Dessa forma, tudo que você for se meter a falar sobre a galinha que cruzou seu caminho decorre do contraste entre ela e a galinha ideal. Que é a mesma para todos.

"Mas onde se encontraria todo esse gabarito do mundo? Das galinhas, mas também das obras de arte, do belo, do justo etc.?"

Sempre segundo Platão e seus discípulos, na alma de cada um. Ao acesso da inteligência. Da razão. Dentro de nós. Para encontrá-lo, é necessário fazer uma busca no interior do próprio pensamento. Uma busca difícil. Alguns de nós teriam mais talento para essas coisas. Teriam uma alma pensante mais potente do que outros.

VALOR ALEGRIA

Dizíamos que os pensadores não concordam muito sobre o valor. Nem sobre o resto. Há pensadores que não são idealistas. Por isso, se recusam a aceitar que exista a tal da galinha ideal na alma de cada um de nós. Para eles, só há as galinhas do mundo. Um pouco parecidas entre elas. Mas também singulares e únicas.

E você se inquieta. Ora, nesse caso não tem gabarito. Foi-se a galinha-modelo. Como será possível atribuir valor às coisas do mundo sem uma referência de perfeição?

Na falta de uma ideia perfeita, convertemo-nos, nós mesmos, como referência. É bom o que me faz bem. E o que me faz bem me enche de vida. Aumenta minha disposição para continuar. Potencializa meu corpo. E minha alma. Determina um ganho de energia vital. De tesão pela vida.

Em suma, é bom tudo que alegra. Cada um de nós. E tem valor negativo tudo que apequena, diminui, tira vida, reduz tesão. Tudo que entristece. Que determina uma passagem para um estado menos potente de cada um de nós, como ensina o grande Espinosa, por exemplo.

Neste momento, você, leitor ou leitora atento, pergunta:

"Mas escuta. E eu, como é que fico? Afinal, o valor das

coisas do mundo é o mesmo para todos e decorre de uma ideia perfeita, que também é a mesma para todos, acessível dentro de nós pela razão, ou o valor decorre da forma como o mundo nos afeta, sendo, portanto, atrelado a essa particularidade dos afetos de cada um?"

Queridos leitores. Entre Platão e Espinosa, deixamos para você a responsabilidade de se posicionar. Nós, autores deste livro, se estivéssemos num bar, arriscaríamos nossos palpites. Como não estamos, devolvemos esse abacaxi para ser descascado pela única pessoa que deve descascá-lo neste momento. Você.

15 BOM DE BOLA. PROFETA. E AMIGO.

Uma opinião francamente positiva a respeito de alguma coisa ou de alguém pode advir de admiração. De uma disposição do espírito correlata à enunciação de atributos que enaltecem.

Com efeito. Aquele que é admirado costuma ser objeto de discursos que justificam essa admiração. Discursos que circulam por longos circuitos de consagração. Consolidam entendimentos dignificantes. Destacam virtudes. Enumeram proezas.

Por isso, ser admirado por mais de um é o sonho de muita gente.

CORPOS E ALMAS ESCULPIDOS PELO MUNDO

Onde estaria a vantagem de ser o objeto de admiração de tanta gente?

Bem. Algumas linhas de parênteses. Não é enrolação. Prometo. Sem isso, não conseguimos responder.

Todos nós vivemos no mundo. O tempo todo. A vida é sempre em relação com esse mundo. Não com todo ele ao mesmo tempo. Evidentemente. Até porque, quando falamos de mundo, referimo-nos mais à realidade do que ao planeta. E, mesmo que fosse, nem da Lua o mundo nos impactaria como um todo. Porque sempre tem o lado de lá. Fora do nosso alcance. Longe da nossa percepção. Pedaço que não nos afeta.

O mundo interage conosco em fragmentos. Por meio de recortes. Estilhaços de real. Compostos por suas coisas. Coisas do mundo. Tipo a paisagem de montanhas que o Clóvis contempla da sua cabana em Serra Negra. Lá no bairro dos Macacos.

Esses estilhaços são compostos ainda por seres animados. Como árvores, seriemas — são três que frequentam o pedaço —, tucanos, Leonardo — o lagarto de mais de um metro de extensão. E por pessoas como nós. Que também são animadas. Porque dotadas de *anima* (palavra latina. Lê-se "ânima", com acento no primeiro "a", a tal da sílaba tônica.)

Insistimos: em nenhum mísero segundo da vida, deixará de haver relação de quem vive com o mundo. O que implica transformá-lo ininterruptamente. E ser por ele transformado.

O que acontece no mundo por nossa causa? Bem, deixemos o mundo responder, quando tiver vontade.

O que acontece em nós por causa do mundo? Disso sabemos um pouco mais. O mundo pode nos transformar naquilo que não nos é essencial. Como ter o braço decepado. Depois de um tipo particular de encontro com um instrumento cortante. No qual levamos sempre a pior. O braço não era essencial. Afinal, com ele ou sem ele, continuamos a ser. Aquele ser que sempre fomos.

Mas o mundo também nos transforma no mais essencial. Naquilo sem o que não somos o que somos. Cuja privação determina um deixar de ser. Somos a energia que conseguimos mobilizar para resistir. Para perseverar no próprio ser. E somos tudo que nosso corpo e alma engendram com esse objetivo.

Nesse caso, há no mundo aquilo que nos faz bem. E nos enche de energia. É o mundo que alegra. Mas há também tudo aquilo que nos faz mal. Que nos apequena. E como há! Mundo entristecedor. Redutor da nossa intensidade vital. Brochante.

O mesmo acontece com pessoas. Afinal, integram o mundo como todo o resto. Na relação com elas, algumas nos caem bem. Compõem com nosso corpo. E com nossa alma. Determinam ganho de energia. De potência. Essas pessoas acabam nos atraindo. Porque suas presenças nos ajudam a resistir. Ante tudo que no mundo nos agride. A continuar sendo o que somos. São pessoas que nos alegram, em suma.

Já com outras, acontece exatamente o contrário. Sua presença faz definhar. Cai mal. Mina nossa resistência. Brocha. Causa dano. Produz mal-estar. Entristece.

Bem, até aqui viemos. Mundo que alegra. Mundo que entristece. Potência que sobe. Potência que desce. Encontros que procuramos. Encontros que evitamos. Luta pela vida. Por perseverar no ser. Fim dos parênteses. Você verá como valeu a pena.

CAPITAL ADMIRAÇÃO

São muitos os aspectos da existência de uma pessoa que podem nos afetar. Dentre estes, certamente conta muito o que pensam de nós. E o que dizem a nosso respeito. Esse entendimento sobre nós será determinante para definir postura, gestos, sorrisos, gentileza, amabilidade, respeito e linguagem usada na hora de nos abordar.

Quando uma pessoa admira outra, tende a dizer coisas coerentes com sua condição de admirador. Mas não só isso. Tende a fazê-lo de um jeito também alinhado a esse discurso. Este, se não é completamente consonante com o que pensamos de nós mesmos, ou com o que gostaríamos de ouvir sobre nós, não será, no caso da admiração, agressivo nem ofensivo.

Saber-se admirado traz uma tranquilidade a respeito desse pedaço da vida que se objetiva nas interações com outras pessoas. Em especial com aquelas que não fazem parte do nosso cotidiano. Porque pressupõe a existência de uma empatia. Prévia a qualquer interação. Esse capital social de que somos detentores nos autoriza a antecipar ou prever, de certo modo, a sequência da trajetória de encontros no mundo social.

Com efeito. Havendo admiração, não é só o mundo social efetivamente encontrado, em meio a fãs, que determina, junto a seus ídolos, um afeto provavelmente alegre. Há também a vida imaginada. Aqueles encontros que não foram vividos através dos corpos, mas concebidos ou projetados no interior das mentes.

O capital social de admiração autoriza a quem devaneia uma expectativa imaginada de encontros amáveis. Carinhosos. Reconhecidos. Afeto de esperança. Ganho de potência cuja causa não é o abraço ou o elogio efetivamente recebido. Mas aqueles que supomos ou imaginamos receber. Pela admiração conquistada.

Bem. Agora que vimos qual é a vantagem, ou seja, por que a admiração pode ser entendida como um capital social, com bom valor de troca, resta voltar para o começo. Em que consiste essa tal de admiração, tão cobiçada por tantos?

ESPANTO!!! PRA COMEÇAR

Existe em toda admiração algum espanto. Quer porque já havia alguma expectativa abruptamente superada pelo mundo causador desse espanto. Quer porque, não havendo expectativa alguma, em absoluta distração, o mundo determina — junto àquele que o encontra — um estranhamento. Um exemplo: um fã do grupo pop U2, ao encontrar por acaso o vocalista Bono Vox em um banheiro de um aeroporto, terá a sua admiração superada pelo espanto da situação. Já alguém, como Luiz, que se pergunta quem é aquele senhor com óculos esquisitos no banheiro, ao ser informado, se espantará (estranhará) com o fato de uma celebridade estar aliviando as suas pulsões urinárias em um local sem a proteção dos cercadinhos VIPs.

Sim. Admiração é espanto. Mas não qualquer. Porque há espantos duros de encarar. Doloridos de experimentar. Angustiantes de cogitar. Devastadores de viver. Chegar em casa e constatar um incêndio que em poucos minutos terá convertido tudo em cinzas — repito: tudo — ou encontrar o próprio cônjuge na sua cama com outra companhia, ou várias outras, é espantoso. Mas nunca admirável. Portanto, nem todo espanto se traduz em admiração pelo que lhe empresta causa.

O espanto da admiração é bom de sentir. Uma paixão alegre. Potencializadora. Energizante. De viés positivo. Tanto o espanto decorrente de um encontro com o mundo efetivamente percebido quanto aquele vivido em um encontro com o mundo apenas imaginado. Mas que nos afeta e nos enche de esperança. Que faz esfregar as mãos do nada. Sorrir sozinho. Brilhar os olhos mesmo olhando para o assento do banco da frente.

A admiração, portanto, corresponde a uma surpresa. Vivida na alma de quem admira. Por alguma coisa que determina atração. E atenção. Surpresa pelo canto de mundo, ou fragmento de realidade que, naquele instante, se mostra tão admirável. E faz abrir mão do resto.

O que admiramos? Há, na identificação do que é admirável, um pouco de cultural. Portanto, de histórico e geográfico também. Assim, o leitor ou leitora imaginará que muita coisa que no passado tenha gerado enorme admiração hoje é de uma trivialidade que faz adormecer crianças agitadas.

Fogo. Eclipse. Dilúvios. Meteoros. E milhões de outros exemplos.

Da mesma forma, os atributos que levavam à admiração desta ou daquela pessoa também foram sendo substituídos ao longo da história. E variando muito de sociedade para sociedade. Como também no interior da mesma sociedade. Em função do grupo social a que pertencemos.

Assim, a mesma pessoa pode merecer a admiração irrestrita daqueles que a consideram o maior nome da história de um país. Mas, ao mesmo tempo, no interior da mesma sociedade, ser objeto de desprezo absoluto por parte daqueles que a tomam como fonte de todos os males havidos e por haver.

Ao longo da nossa própria trajetória, já admiramos cada coisa, cada figura. Admiração pretérita, que hoje nos faria rir. Ou ruborescer. Cobrir-nos de vergonha. Certos encantamentos do passado devem ficar onde estão. Revivê-los na lembrança ou em conversas, só mesmo em atos de profunda contrição. Confissões. Rituais de ruptura existencial. Ritos de passagem. Treinamentos de humildade. Nos quais nos preparamos para suportar chacotas e o ridículo. Ah. Em terapias também se justifica.

ADMIRAÇÃO PELO QUE NOS ULTRAPASSA!!! PARA TERMINAR

Admiramos aquilo que vai além de nós. Que nos ultrapassa. Que não poderíamos ter dado causa. Muito menos conseguiríamos realizar. Por se encontrar além das nossas forças. Das nossas possibilidades. Que supera o eu. Fazendo-o transcender em admiração. Assim, ganhamos um suplemento de alma.

É o que se dá diante da imensidão do universo. Da extensão do mar, que vai além do horizonte. Do brilho das estrelas. Da delicadeza das flores. Enfim, de toda espantosa obra de Deus. A lista não tem mesmo fim.

Os gregos de antigamente se espantavam com o fato de que tudo neste universo está disposto de forma maravilhosamente adequada a cumprir suas finalidades. E tinham ciência de que tão perfeita ordem não poderia ser obra humana.

Joelho, perfeito para dobrar, dobradiça que é. Olhos, perfeitos para enxergar, instrumento ótico inspirador de todos os outros. Vento, perfeito para refrescar e polinizar. Se não fosse ar em deslocamento, não estaria adequado para abastecer flores com pólen. A maré também é perfeita para fertilizar. Faz o que um *tsunami* não conseguiria.

Terminamos esta lista com charme. As tripas. Intestinos. Bomba evacuatória de conformação impecavelmente alinhada à sua funcionalidade. Ainda que alguns de nós, mais criativos, nos dediquemos a recheá-las. Com carne moída e arroz. E a ingeri-las. Como iguaria de delicioso valor.

TAMBÉM SOMOS FILHOS DE DEUS

Mas o livro é sobre reputação. E a admiração que nos interessa aqui é mesmo a por outras pessoas. Fafá de Belém cantando as maravilhas do agreste. Elba Ramalho, sempre entre o céu e o mar. Gal, que garante: o nome dela é mesmo esse. Elis, sempre às voltas com bêbados e equilibristas.

Paulo Autran, Marília Pêra, Tony Ramos, Ary Fontoura, Paulo Betti, Raul Cortez, Armando Bógus, mas também o Ricardo Darín. Essa lista também não tem fim. Cantoras, atores e colunistas também.

Luiz Felipe Pondé. Genial e instigante provocador. Brilhante docente. Juremir Machado. Autor do nosso prefácio. Inteligência fina. Uso afiado da palavra. Esgrimista elegante da argumentação. Acadêmico que empresta lucidez aos espaços que frequenta.

Professores. Desses que pegam pela mão. Com genuína preocupação. Maria Aparecida Baccega. Teófilo Otoni Vasconcelos. Heródoto Barbeiro. Fernando Teixeira. Amauri Mascaro Nascimento. Fábio Nusdeo. Patrimônios do nosso país. Alguns vivos. Outros já falecidos. Infinita admiração.

E, finalmente — por que não? — palestrantes. Como não admirar Mario Sergio Cortella e Leandro Karnal? Superiores. Maiúsculos. Inalcançáveis. Dão nó em pingo d'água. Fazem com as palavras o que querem. Górgias, Protágoras e Cíceros dos tempos de hoje. Admiráveis, em suma.

Como dissemos, a admiração é por tudo que nos supera. Que não conseguimos fazer nós mesmos. Mas não só. A superação não basta. É preciso que haja por parte de quem admira um reconhecimento de excelência na performance do outro. Assim, embora todo cantor cante como não consigo cantar, nem todos merecem minha admiração.

Jogadores de futebol profissional fazem com a bola o que nem me atrevo a tentar. Nem por isso os admiro todos. Minha admiração se volta para poucos entre eles. Aqueles que, efetivamente, me causam espanto. Pela excelência.

Os alviverdes já foram contemplados. Fiquemos com Canhoteiro, Zé Sérgio e Müller. Destaque para ponteiros. Tricolores, claro. Zenon, Sócrates e Rivellino, geniais meio-campistas alvinegros. Manga, Figueroa e Falcão. Do mundo colorado. Renato, Paulo Nunes e Arthur. Porque o mundo também é azul, preto e branco. Júnior, Zico e Leandro. Em nome da nação. Dinamite, Edmundo e Romário, para deixar dona Nilza feliz. Cerezo e Reinaldo. Galo forte e brigador. Tostão e Dirceu. Porque era preciso muito talento para enfrentá-los.

Admiração por Hernanes. Porque é muito bom de bola. Porque também é profeta. Combinação para quase ninguém. E, como se não bastasse, também é nosso amigo. Prova da vida. De que é possível ter amigos e, ainda, admirá-los.

16 NOS INCLUÍRAM FORA DESSA

A reputação é um fato social. E é imperativo entendê-la como tal. Um produto da interação entre as pessoas. Que vai além da somatória de opiniões dos indivíduos. De seus pensamentos, atitudes e sensações. Com causas a serem investigadas pelas ciências sociais.

O tentador caminho de começar do eu e justapor a ele tudo o que observamos nos outros não se revela fértil. Começar do que pensa Luiz e ir juntando as opiniões de Clóvis, Juremir, Zuleika e mais centenas ou milhares não permite chegar à raiz do problema.

Porque o pensamento de Luiz e dos outros não é o começo de tudo. Muita coisa aconteceu antes para que pudessem pensar o que pensam. Se, neste instante, considera-se este ou aquele profissional da política um odioso canalha, e não algum outro igualmente merecedor do mesmo desprezo, talvez seja pelas escolhas editoriais dos meios de comunicação da sociedade onde vivem.

Por isso, quando o assunto é reputação, não podemos esquecer este fundamento da sociologia. Talvez seu primeiro degrau. De imensa consequência metodológica. A sociedade é anterior ao indivíduo. A qualquer um de nós.

Era o que ensinava Durkheim, pai fundador da sociologia, para quem buscar a explicação de fatos sociais em causas que não sejam propriamente sociais é um grande equívoco.

INDIGNAÇÃO PREVISÍVEL

O leitor ou leitora já começa o capítulo indignado. Vamos, desembuche à vontade.

"Como assim? A sociedade vem antes? Nunca li estupidez tão grande. Groselha pura."

E segue revoltado:

"Como pode uma reunião de indivíduos ser anterior aos indivíduos que reúne? Ou o coletivo vir antes das unidades que o compõem? Como se pudesse haver cardume antes de peixe. Matilha antes de lobo. É um absurdo."

E continua, pondo os pingos nos "is".

"O indivíduo é logicamente anterior a qualquer coletivo. Vamos começar de mim mesmo. Que me chamo Jorge. Ou Elvira. Aí chega você. Depois vão chegando os outros. Um a um. Só então decidimos viver juntos. Surge, assim, a sociedade. Afinal, um coletivo é sempre uma reunião. Obviamente posterior aos indivíduos reunidos. Que só se reuniram porque quiseram. Ora bolas."

E o leitor ou leitora tomou gosto pela argumentação. Embalou de vez. Sentiu-se confortável. Arranca desfilando suas próprias ideias de filosofia política. Aplaudidas por muita gente importante, que fique claro. Vai firme que estamos te ouvindo.

"A opção por viver em sociedade é determinada por causas bem egoístas. Proteção física, abundância, conforto, interação. Tudo que sozinho é mais difícil. Foi para alcançar objetivos comuns que a decisão de viver em sociedade foi tomada.

"Resulta de um acordo entre todos. Um pacto. Ou um contrato. Que, obviamente, só pode ter sido estabelecido por nós. Porque já estávamos por aí. Nas quebradas. Pensando num jeito mais seguro, confortável, agradável e próspero de viver.

"E além do mais. Qual é o problema de somar o que pensam as pessoas, individualmente? Não é assim que acontece nas eleições?"

Querido leitor ou leitora. O que você diz é muito agradável de ouvir. É encantador. Hipótese segundo a qual vivemos em sociedade porque nós quisemos assim. E ainda queremos.

Seríamos, nesse caso, soberanos. Autônomos. E a sociedade não passaria de um jeito de organizar a vida e a convivência decidida pela nossa inteligência. Faz sentido e agrada. A todos que, como nós, se acham. Criadores de si mesmos.

VOCÊ É BROTHER! TAMO JUNTO!

Mas tudo isso supõe que alguém, consciente, inteligente, racional, sabendo servir-se de uma linguagem antes de qualquer formação social, tenha se encontrado com você, e com mais gente, também inteligente, racional e falante.

Supõe que vocês não tenham se estranhado. Pelo contrário. Que tenham ido muito um com a cara do outro. A ponto de sentar para conversar. Em torno de uma mesa de discussão. E, graças à linguagem, comum a todos, tenham conseguido se comunicar. E muito bem, pelo visto.

Mais do que isso. Supõe também que tenham chegado a um acordo. Que tenham subitamente percebido que a presença permanente dos demais por perto seria muito conveniente. Que tenham se dado conta de afinidades. Que, no fim das contas, tenham virado *brothers*. Parças. Manos.

Que agora podem alcançar coisas que sozinhos não seria possível. E que tenham concordado a respeito da melhor forma de se organizar para viver juntos. Só assim teriam como se proteger melhor. De inimigos comuns. E prosperar.

Certo? Nenhuma discordância? Confere até aqui?

NÃO ME VENHA COM CHORUMELAS!

Então. É curioso. Porque nenhum de nós dois se lembra de ter participado de nenhuma reunião como essa. Anterior a toda sociedade. Na qual muitas pessoas capazes de pensar, falar, argumentar, decidir a respeito de projetos comuns tenham, em conjunto, identificado essa forma particular de organização da convivência, que é a sociedade, como condição para a obtenção de tais projetos.

Como você, leitor ou leitora, garante que as coisas aconteceram assim, na forma de um contrato, devo concluir que esqueceram de nos convidar. Nos incluíram fora dessa, como dizem alguns desafetos da gramática. O mais engraçado é que não conheço ninguém que tenha comparecido a essa reunião.

Você insiste: não poderíamos ter comparecido porque a tal reunião aconteceu faz tempo. Mas isso não significa que não tenha ocorrido.

Eu responderia que há controvérsia. Quando? Onde? Quantos estiveram presentes? Passou lista de presença? Teve ata da reunião? Algum registro oficial do ocorrido? Um relato que seja de algum historiador? Alguma nota fiscal comprovando os gastos com comes e bebes?

Nada???!!! Bem, então, nesse caso, não me venha com chorumelas.

E mesmo que tenha ocorrido. Em nome da sua autoestima. A origem contratual da sociedade valerá para os que compareceram e assim decidiram. Mas não para nós. Que nascemos quando o circo já estava armado e pegando fogo.

Sim. Pelo menos, no nosso caso, a sociedade veio antes. Já estava por aí quando nossos pais resolveram aumentar a família. Quando viemos da sala de parto para o quarto. Com o nosso nome na porta. Em azul ou rosa. (Graças ao ultrassom podemos comprar o presentinho na cor certa.)

Lá dentro, muitos já nos esperavam. Cada um acompanhado de um nome. E de um vínculo familiar. Vovó Geni. Tia Neuza. Tio Ênio. O esquema todo montado. Gangue perfilada. Discursos de semelhança fenotípica. E outros proféticos.

"A cara da mãe." "Os olhos da avó." "Já chegou sisudo. É bem filho do pai." "Esse vai ser um grande auditor." "Tem cara de detetive."

Quando fomos para casa, dois já moravam lá. Aqueles, e não outros. Logo entendemos que os veríamos todos os dias. Várias vezes ao dia. Com os outros da caravana, os encontros seriam mais esporádicos.

Mais tarde, aprenderíamos que os sons que emitiam com suas bocas eram, quase sempre, palavras. Em português. Que tudo poderia ter sido diferente. E olha que estamos só começando a viver.

FALA "PA-PAI", "PA-PAI". FALA!

Juntos podemos ir mais longe. Esquecer nosso caso, por enquanto. E pensar lá atrás. Nas pessoas que não viviam em sociedade. E que acabaram se reunindo para constituir uma. Chegamos aonde você queria. Na sua tese.

Bem. Temos que excluir da vida dessas pessoas tudo que sabidamente resulta da vida em sociedade. A começar pela linguagem, tal como nós a utilizamos. E pelo pensamento, articulado em signos, como é o nosso.

Observemos aqueles que estão começando a falar. As primeiras sílabas só foram enunciadas depois de um bombardeio de "papais" e "mamães". Em disputa feroz pelo troféu da manifestação verbal inaugural do infante.

E todo esse silêncio de vernáculo dos primeiros meses não era só uma questão de despreparo fonoaudiológico. Faltavam palavras mesmo. Para substituir choros, gritos e indicadores.

Pensando assim, talvez tenha razão Aristóteles. Talvez o homem seja — e, portanto, tenha sempre sido — essencialmente social. A sociedade seria, nesse caso, anterior a toda consciência que a tenha por objeto. Anterior ao conceito. E a qualquer teoria a seu respeito. Anterior ao logos em nós. À nossa capacidade de pensar. De engendrar discursos.

ZERO DE RABO E OUTROS ATRIBUTOS

Pesquisadores dos chamados símios superiores, mesmo pensando de modo muito diferente do sábio Aristóteles, garantem que muitos deles se organizavam para conviver de maneira muito parecida com a das nossas sociedades. Hominídeos eram "evolutivamente" sociais.

Assim, quando começaram a nascer os primeiros animais homens e mulheres, tal como se apresentam hoje, com zero de rabo e outros atributos, a vida em sociedade já lhes era bem familiar. Pois viviam havia muito tempo nesse esquema.

Toda consciência de mundo — e, portanto, de si mesmo —, todo entendimento que cada homem ou mulher possa ter de si, dependeu e continua dependendo de uma matéria-prima de pensamento e comunicação, bem como de um jeito lógico de pensar, que só a vida em sociedade poderia lhe ter ensinado.

Vixe. Não é por nada, querido leitor ou leitora. Embora fosse mais fácil e gratificante pensar o contrário, e entender a sociedade como resultado de mais um projeto do homem, parece que este último apareceu mesmo bem depois daquela. Quando surgiram homens e mulheres, bípedes eretos sobre pés meio pequenos, eles já estavam, aparentemente, superenturmados.

17 O PROFESSOR DO JÔ

Para não ficarmos só especulando sobre coisas que aconteceram há muito tempo, falemos um pouco agora da nossa própria vida. A minha e a sua. E a de outros mais, que tiveram percurso parecido desde que foram paridos.

QUANDO DEI POR MIM, JÁ ERA TANTA COISA

Quando começamos a ter uma ideia de quem somos, já tínhamos saído todos de uma maternidade qualquer. Ou sido paridos em casa mesmo. Um de nós, na região meio central da cidade de Ribeirão Preto. Estado de São Paulo. País Brasil. Filho único de pai perito criminal e mãe dona de casa. Que se comunicavam em português. Com sotaque daquele lugar. E seus erres americanizados.

Gente que fala alto. Família Marini. Matriarca italiana. Do rio do Pó para o Ribeirão. Tudo muito cantado na hora de pronunciar as palavras. Em decibéis elevados. E gesticulação expansiva.

Por outro lado, quase nada de contato físico. Tudo meio a distância. Abraços e beijos, nem pensar. Interação educativa mediada por cinto, chinelo e cabo de vassoura.

Comer, sempre todo mundo junto. Salada depois. Só no final. Parece que ajuda na digestão. Nada elaborado. Alface e tomate. Ou *radicchi*. Pronuncia-se "radiqui". Suponho que corresponda à chicória de hoje. A cebola crua, sempre presente. Para deleite dos adultos.

Os talheres eram de faqueiro fino. Apesar da simplicidade de todo o resto. A refeição era um ritual. Vinho para o casal. Suco para quem não bebia vinho. Tipo *detox*. Com couve, beterraba, cenoura, laranja, mamão... Antecipando a moda em meio século. Incrível.

Carne. Sempre. De panela. Quase sempre. Com batatas. Cozidas juntas. Arroz soltinho. Feijão marrom. Bem temperado. Com bastante paio. A comida era muito boa. Muito saborosa. Condenando o resto da vida a uma experiência gastronômica sem muito gosto. Mas não havia muita variação. Quase nenhuma.

Finda a refeição, a mãe lavava a louça. E o pai enxugava. Sem recurso para luxos. Essa atividade era silenciosa. Contrita.

Ora, querido leitor ou leitora. Essa criança que vive com esse casal não participou de contrato algum. Não pactuou nada. Foi aprendendo a repetir palavras em português. E a falar alto. Porque essa era a referência. E bem cedo. Com menos de um ano já tagarelava. Encantado pela voz forte do pai. Que o segurava no alto, com braços esticados, e dizia:

"*Questo bambino*, se falar para ganhar a vida, vai dar boa coisa."

Se mais tarde tivesse sido convidado para decidir viver, continuar vivendo, em sociedade ou não, esse que é chamado a se manifestar já estaria talhado pela sociedade da cabeça aos pés. Nada nele estaria completamente imune à vida em sociedade que teria levado até então.

TURBILHÃO ESPIRALADO DO SILÊNCIO

E não precisamos voltar tão ao começo. Notamos a anterioridade da sociedade a cada instante de vida. Hoje mesmo. Nós e você adultos. Em épocas eleitorais, se quisermos fugir do tema, só dormindo. E rezando para não sonhar com algum candidato.

Mais que isso. É impressionante como os movimentos de intenção de voto parecem ter uma alma própria. Que surpreende até mesmo seus beneficiados. Muitos acabam se elegendo sem esperar de verdade por isso. E os eleitores, antes dispersos em suas singulares pretensões, acabam vítimas de um efeito manada, asfixiados, mais que nunca, pelo turbilhão espiralado do silêncio.

Após terem sido convencidos de que só há um, dois ou no máximo três jeitos de pensar o que é melhor para a sociedade, deixam-se aglomerar aos milhões. E depois que a máquina soma os votos do país inteiro rapidinho, fica a esdrúxula ilusão de que tudo começou de verdade em você. Na firme convicção de cada eleitor, ao sair de casa para votar. E terminou, apurados os votos, numa opinião comum.

Essa transformação do que é decisão individual em opinião comum é trabalho propriamente político. Conversão redutora de infinitas motivações. E de milhares de manifestações sem motivação alguma. No caso do voto obrigatório. E é atividade inevitável de profissionais da política e especialistas autorizados.

Os primeiros, agentes do campo político, estão interessados em oferecer para aqueles milhões de manifestações uma interpretação que lhes seja favorável. Os segundos, jogadores de outro jogo, buscam capital jornalístico e credibilidade na isenção aparente de suas conclusões. A serem enunciadas em alguns segundos de exposição.

Tem-se uma reificação (coisificação) da pluralidade complexa e desconexa das reais intenções de voto. Vemos isso, por exemplo, em frases enunciadas com solenidade, do tipo: "os resultados das eleições deixam claro que os brasileiros e brasileiras querem daqui para a frente isso ou aquilo..." ou "... não aceitam mais esse ou aquele tipo de prática política". Tudo chancelado pela tela, onde milhões de votos gravitam em torno de uma mesma foto.

Clóvis, por exemplo, sempre se lembra dos tempos de França. A maré rosa socialista, François Mitterrand. Anos depois, a avalanche gaullista, encabeçada por Jacques Chirac. Do outro lado dos Pirineus, o Partido Socialista Operário Espanhol (PSOE) de Felipe González. E o Partido Popular (PP) de José María Aznar. Por aqui, as vitórias contundentes de FHC e Lula.

AMARGO NA BOCA

Já para os candidatos malogrados, cujos votos minguam escoando entre os dedos, fica a estranha sensação de que não há nada a fazer. De que todo argumento é em vão. De que, por mais que digam coisas que supõem sensatas, ninguém parece se interessar. São vítimas de um desdém a 3%. Resta a resignação.

O amargo na boca é maior quando algum desses derrotados é considerado o melhor candidato por um montão de gente. E desesperados clamam pela tradução desse fato em voto.

Não querem entender que a eleição não mede as reflexões mais profundas de cada eleitor. Que existe um mercado eleitoral. Com ofertas de candidaturas e demandas sociais que se estruturam. Determinam-se. Explicam-se.

Como costuma acontecer em qualquer mercado, distribuem desigualmente chances de vitória. Iniquidade assegurada pelas pesquisas de opinião. E pelo voto útil. Que termina por esmagar a soberania da inteligência individual. Em nome da adesão relevante ao maior número. Para desespero dos que não entendem, e talvez nunca venham a entender, por que o candidato considerado mais preparado pela maioria dos eleitores pode ser por eles reduzido a pó.

SOCADO DE TODOS OS LADOS

Você, leitor ou leitora, ao término de sua enfática argumentação do capítulo anterior, ainda perguntou qual seria o problema de somar as opiniões uma a uma para compreender a reputação de alguém. Como na eleição. Problema nenhum. Desde que você admita que a briga por votos é como uma foto de cavalos em disputa, cabeça a cabeça, na linha de chegada. Fotos, tabelas e gráficos que não mostram todo o resto da corrida. Tudo que aconteceu até então.

Além disso, as campanhas eleitorais — para um cargo oficial ou de síndico — fazem esquecer a forma como a sociedade intervém, com seus golpes de violência física e simbólica, para fazer a cabeça dos eleitores. Seja quanto aos fins procurados pela sociedade, seja quanto aos meios para alcançá-los. Fazem esquecer as pautas de discussão, os valores, os candidatos, os partidos, os troféus em disputa.

Tudo para que, no dia da eleição, depois de ter sido socado de todos os lados, você aperte um ou outro botão. Seja tratado como povo soberano. E passe a acreditar ser a unidade fundamental constitutiva da vontade geral. E de toda reputação. Do que se deve pensar sobre tudo e todos.

A psicologia social, por intermédio de pesquisas fascinantes, investiga condições, extensão e limites da influência do coletivo sobre a conduta individual. Em infinitas situações. Discussões partidárias, ideológicas, de credo, de adesão a valores morais, práticas, indumentárias, gastronômicas etc. Até que ponto a soberania do indivíduo se sobrepõe à pressão do coletivo? Quem escolhe o sabor da pizza mais cara na hora de fazer um pedido na casa da sogra ou de algum amigo distante? As respostas são diversas. Variam em função do estudo e do que está em jogo. Não o aborreceremos empilhando resultados de pesquisas, artigos científicos ou referências, daqui ou de alhures. Contudo, cabe reforçar a tese de que a audiência é autônoma e ativa. De que os sujeitos são produtores de sentido. Mas de que o coletivo e as instituições têm um peso importante nesse processo. "Mediações", como defende Jesús Martín-Barbero. Teses já gastas também no campo da comunicação.

A SILDÁVIA E O PETRÓLEO

Lembro-me de uma entrevista. Programa do Jô. Já ia tarde a madrugada de uma sexta-feira de insônia. O entrevistado era um professor. Animado, é verdade. Cheio de energia. Um entusiasmo quase alucinado. Interessante ouvi-lo.

Mas não disse nada de mais. Conteúdo "arroz com feijão". Falou de si. Do momento da vida em que percebeu que dar aula era sua praia. No curso de geografia. Em um seminário sobre o petróleo no Colégio São Luís, em São Paulo. Contou que não queria parar de falar. Mesmo não sabendo mais o que dizer sobre o tema. Que decidiu então inventar. E discorreu a respeito da qualidade do petróleo na Sildávia.

Tenho que admitir. O jeito que ele expôs aquele momento de sua vida foi bem interessante. Dava gosto ouvir o relato daquela experiência. Um professor feliz. Com brilho nos olhos. Parecia mesmo encantado pela sua profissão. No limite da ingenuidade. Aquele que podíamos bem chamar de um sonhador. Bem legal.

Mas repito. De conteúdo trivial. Simplório até. Uma entrevista entre tantas outras.

DE "MALA" A "DO CARALHO"

Só que essa despretensiosa participação foi assistida por muita gente. Alguns milhões de pessoas. Não só no momento da transmissão do programa pela televisão. Mas sobretudo depois. Pela internet. Surpresa para o experiente apresentador. Feliz com a inesperada repercussão. Para o professor, então, acostumado a carregar a pecha de mala, o espanto foi ainda maior.

A plateia incentivava. Ao longo do discurso, o professor roubara a cena. Sem interrupções. No final, não se ouviu só aquele "aaahhhhhh", indicativo de que queriam mais. Aplaudiram de pé. Por bastante tempo. Jô pede para que o professor faça do seu programa a sua sala de aula. E que volte sempre que quiser.

Desde então, aquele entrevistado tornou-se conhecido por muitos. Que o identificam nos mais diferentes lugares.

"Aquele não é o professor do Jô?"

Ele sorri, amável. Tira *selfie*.

"O senhor é do caralho!!!"

Uma só certeza: nada daquilo fora planejado. Cogitado. Sequer sonhado. O docente continua sem ter a menor ideia de por que durante trinta anos na escola trabalhando com aquela mesma energia e entusiasmo da entrevista ninguém nunca lhe dera muita bola. Pelo contrário.

Mas, naquele dia, contando uma história que já havia repetido em sala de aula centenas de vezes, foi considerado de um jeito inédito e inusitado.

Talvez porque a mesma sociedade que nos abastece de signos e de significados também vai nos contando pouco a pouco quem ela acha que somos. E, como se não bastasse, fica vigilante. De orelhas em pé. Exercendo seu controle. Punindo com deboche, escárnio, ou ainda mais severamente, toda transgressão. Para que não nos ocorra enunciar alguma definição de nós mesmos que não esteja previamente autorizada.

Afinal, é ela, a sociedade, que decide se, quando e como uma inexpressiva história de vida poderá merecer o aplauso e a consagração de muita gente.

18

INÚTEIS, SEMPRE; ILUDIDOS COM A VIDA, NUNCA!!!

Toda reputação pressupõe opinião. Juízo de valor. Que tem por objeto uma pessoa ou um coletivo organizado delas. E circula a bordo de discursos. Enunciados e recebidos em espaços de diálogo mais ou menos estruturados.

Como quatro ou cinco pessoas em volta da máquina de café. Usando a demissão de um colega — e suas supostas causas — para dar um acabamento mais colorido ao que já pensavam dele.

"Tanta safadeza. Tava na cara que um dia ia dar ruim."

"Esse nunca foi boa coisa. Mas eu não podia imaginar que chegaria a esse ponto!"

Esse discurso de valor sobre pessoas e instituições recebe uma chancela coletiva. Essa chancela, por sua vez, garante ao discurso um estatuto superior face às impressões, às empatias e aos interesses meramente individuais. A reputação, assim, carrega uma pertinência válida para mais de um. Comunica algum valor imune aos humores deste ou daquele porta-voz.

GLADIADORES DA PERSUASÃO

Como vimos no capítulo anterior, discursos sobre reputação podem encontrar em sua trajetória opiniões contrárias. Uma mesma pessoa pode receber diferentes juízos de valor.

Às vezes, afirmações opostas sobre alguém podem refletir uma disputa entre agentes sociais interessados na imposição de uma reputação legítima. Ou seja: entendimentos desse e daquele a respeito de um terceiro que pretendem ser o entendimento de todos.

Haters versus fãs. Ataque contra defesa. Gladiadores em luta. Pela persuasão mais eficiente. Pela fagocitose de novos contendores. Exército arregimentado. Mais gente para dizer a mesma coisa. Construindo verdade pela repetição. Pelo maior número de convencidos. Pelo clima de opinião favorável.

E, se faltar gente, os robôs estão a postos. Basta programar. Metralhadoras de discursos a disparar 24 horas por dia. Sem cansaço. Sem traições. Sem outras exigências.

Mas claro. Nem toda reputação suscita enfrentamento tão renhido.

QUEM CONTA UM CONTO AUMENTA UM PONTO

Os discursos de reputação percorrem circuitos de palpiteiros, atravessando espaços de diálogo nos quais porta-vozes manifestam suas opiniões a respeito de alguém ou algum coletivo. Fundamentam-se, frequentemente, nos mesmos valores. Coincidência ainda maior em espaços mais homogêneos de interação.

Imagine um clube de elite. Há desses em todos os países do mundo. Sócios que na sua grande maioria já nasceram ricos.

Que só anseiam pela conservação de seus privilégios. E temem tudo que possa ameaçá-los. O que pensarão de um líder popular defensor de distribuição de renda e tributação elevada para grandes fortunas? É de se esperar, da parte de todos, ou quase todos, crítica contundente e agressiva. Turbinada pela certeza do aplauso dos demais sócios.

No entanto, mesmo nesses casos de maior concordância, as palavras usadas, a ênfase retórica, o contexto dialógico que lhe confere oportunidade e pertinência nunca são rigorosamente os mesmos. Por isso, sempre haverá ao menos alguma gota de originalidade a cada nova enunciação.

Por mais que as mensagens que viralizam em rede sejam muitas vezes as mesmas, apenas encaminhadas em progressão exponencial, a intencionalidade do emissor e o trabalho interpretativo do receptor sempre conferem àquele ato de comunicação alguma singularidade.

A brincadeira escolar do telefone sem fio ajuda a entender que, no final do circuito, de grão em grão, o relato é significativamente modificado. A história começa uma e termina bem outra.

No caso de discursos de opinião, cada nova enunciação, articulada a partir do processo de recepção da mensagem anterior, pode ser marcada de maior ou menor originalidade. Seja quanto à identificação e à descrição da realidade sobre a qual se opina, seja quanto à matriz de valor utilizada para qualificar o mundo naquela opinião.

Felizmente, o dia chega ao fim. Hora de dormir. Momento em que as pessoas sobre as quais se fala e suas reputações têm sossego parcial. Sobram em cena os difamadores da madrugada.

Mas suas vítimas, se conseguirem pegar no sono, encontram-se temporariamente blindadas. Embora pesadelos sejam horríveis, proporcionam experiências um pouco diferentes. Nunca coincidem rigorosamente com a vigília e a vida desperta.

ZERO DE UTILIDADE. DEZ DE DILETANTISMO

A mesma realidade pode ser avaliada de distintas formas. Vale para o pôr do sol. O sabor do pudim. O cabelo da modelo. O *design* do último Toyota. Depende das referências de quem avalia. Dos critérios que usa. Mas também de seus afetos e humores.

Da mesma forma, pessoas e coletivos também podem ser julgados de muitas maneiras. A partir de muitos critérios diferentes. Que costumam ser apresentados e justificados como garantidores de um juízo objetivo, neutro, isento, imparcial e outros atributos mais.

Não raro esses critérios, mais ou menos favoráveis ao indivíduo avaliado, são escolhidos em função do resultado pretendido para aquela avaliação. A nota final vem antes. A conclusão consagradora ou de achincalhe da reputação do outro se antecipa ao método e ao próprio trabalho de reflexão, que culmina com a atribuição de valor.

Exemplos, para você continuar conosco. Alguém detesta os autores deste livro. Para começar pela opinião mais provável. Dispõe-se a avaliar o trabalho de um ou de outro. Prof. Luiz e prof. Clóvis. Já sabe que deve resultar negativo. Só então se dará ao trabalho de reflexão, escolhendo a dedo o tipo de referência que mais imediatamente permite chegar à conclusão perseguida.

Tipo a aplicabilidade imediata das suas lições no chamado mercado de trabalho. Nota zero. Utilidade nula. Já denunciada na capa do livro. Afinal, esta sempre foi a nossa divisa. "Inúteis sempre. Iludidos com a vida nunca." Ou quase nunca.

Outro alguém adora os mesmos professores. Para não sermos injustos e esquecermos as opiniões mais raras. Os discursos mais improváveis. Quiçá exemplos meramente cerebrinos. Sem correspondência no mundo de carne e osso. Essa mosca branca, cisne negro, ovelha negra, dispõe-se a avaliá-los. E já sabe que a nota vai ser alta.

Para isso, usa o critério do diletantismo. Sem nenhum ganho cognitivo. Mensagem suave que não faz mal a ninguém. Aula boa é assim. De relaxamento ou repouso. Entretenimento sem consequências. Aí sim residiria o maior talento docente.

Veja, leitor ou leitora. Os mesmos dois professores, avaliados por esse novo critério, subiram muito em nota. Avaliação campeã. De zero a oito e meio. Opa. Tínhamos dito dez. Seja como for, o desvio é grosseiro demais para não chamar a atenção e levantar suspeita.

Talvez, por isso, a chancela de mais gente, a consideração alardeada de múltiplos olhares e perspectivas, ajude na argumentação deste ou daquele porta-voz avaliador. Contribua para mascarar o viés de atração e repulsa inerente a toda atribuição de valor.

PISADAS DE BOLA E GOLS DE PLACA

Para além dos humores e interesses do avaliador, pessoas e organizações de pessoas não são realidade que, ao longo de uma história, se deixe valorar com simplicidade. As trajetórias são ricas, complexas e cheias de momentos nobres e dignos. Mas também de tantos outros decepcionantes e eivados de indignidade.

Toda essa matéria-prima permite a articulação de muitas construções discursivas diferentes — e até contraditórias entre si.

Suponha que um líder religioso, muito carismático, adorado por seus seguidores e respeitado mesmo por fiéis de outros cultos, com um histórico impecável de conduta, seja flagrado em atitude ilícita. Inédita. Única. Mas de grande visibilidade. Haverá uma desconfortável sobreposição de reputações.

LES JUSTES?

Da mesma forma, a defesa de certos valores, como a lealdade, excludentes de outros, como a delação de atos criminosos cometidos por companheiros, faz com que toda deliberação possa gerar reputações potencialmente contraditórias.

Em *Les Justes*, peça de teatro de Albert Camus, um grupo de revolucionários russos pretende assassinar o grão-duque Sergei Alexandrovich, déspota que governa Moscou. A operação exige ainda tirar a vida dos príncipes Dimitri e Maria. E você logo pergunta:

"Mas afinal: são justos ou assassinos?"

Na primeira tentativa, Kaliayev refuga. Stepan, colega revolucionário, o repreende furiosamente. Milhões de crianças morreriam de fome por causa daquela covardia. O que pensar de Kaliayev nesse momento? Um covarde, traidor da causa? Ou um humanitário que resiste ao máximo a toda iniciativa violenta?

Dias depois, o grupo assassina o tirano. Kaliayev é preso. O diretor da polícia propõe poupar-lhe a vida. Em troca da publicação de um artigo no qual revelasse arrependimento pela sua participação naquele assassinato.

Esse reconhecimento público, coberto de vergonha, do valor moral negativo da própria conduta, implicaria, para o terrorista, uma traição à causa revolucionária. Bem como a seus companheiros de luta. Decide deixar-se executar. Como único responsável por aquela operação. Herói para muita gente. Assassino vil e frio para muitos outros.

FIEL BODE EXPIATÓRIO

A execução. Fim de linha comum para líderes revolucionários. Suponha agora um profissional da política genérico, que na Europa do Leste tenha carregado bandeiras libertárias. Militando com fervor por suas causas. Chega ao poder central com seu partido e ocupa cargo no topo da hierarquia do Estado. Para aprovar seus projetos, o governo de que faz parte se vê obrigado a práticas que sempre rechaçou.

Esse político é perseguido em um juízo repleto de falhas processuais e com escassas provas sobre sua culpabilidade. Ao ser condenado, assume sozinho e calado uma responsabilidade que era de muitos. Não alcagueta. Higieniza temporariamente aquele grupo que exerce o poder. É aplaudido internamente. Pela lealdade aos companheiros. Mas execrado pelo resto da sociedade. Que esperava dele alguma delação. O discurso de reputação que faz dele um herói circula ao mesmo tempo que outro, que o toma por um corrupto.

LE TARTUFFE

O discurso opinativo que tenha uma pessoa ou organização de pessoas por objeto pode decorrer de um erro de fato. De uma certeza a respeito de uma realidade que não existe. Nesse caso, para aqueles que eventualmente estejam cientes da falsidade, a opinião será necessariamente outra. E com aquela conflitará. Em grande indignação.

Lindo exemplo literário desse tipo de enfrentamento é a peça *Le Tartuffe*, de Molière. O autor nos insere numa família de gente honesta. De convivência harmoniosa. As relações sofrem um abalo pela presença de um elemento externo. Tartuffe.

Figura que caiu nas graças de Orgon, o chefe da família. Mas que não goza do mesmo prestígio junto a seus outros membros.

A reputação instável e movediça do forasteiro era disputada por discursos radicalmente opostos. E enunciados com o mesmo fanatismo. Para Orgon, trata-se de alguém impoluto, confiável, honesto, digno, contributivo, solidário, leal. Para sua mulher e seus filhos, exatamente o oposto.

Estes, inconformados, tentam convencer, em desespero, o patriarca do erro de que está sendo vítima. Orgon parece acometido por uma cegueira em relação ao finório impostor.

Ante a insistência irritante dos familiares, reage radicalmente. Reiterando suas crenças. Com atitudes de favorecimento a seu protegido. Promete a mão da sua filha. Confidencia-lhe um segredo de Estado. Que pode comprometê-lo gravemente. Deserda seu filho. E doa ao falsário toda sua fortuna.

E tudo teria ido pro vinagre de vez se Elvira, sua esposa, não o tivesse feito ouvir, da boca do próprio Tartuffe, suas verdadeiras opiniões a respeito dos integrantes da família. Astúcia feminina de provocar o tratante e fazê-lo rugir impropérios sem saber que Orgon o escutava às escondidas. Finalmente, o descarado é desmascarado.

Incrédulo, o chefe da família expulsa Tartuffe de casa. Sem se lembrar de que ela — a casa — já pertencia ao flibusteiro. Há um instante de glória concedido ao canalha.

"*La maison est à moi. C'est à vous d'en sortir.*"

("Esta casa é minha. É o senhor que tem que sair.")

Tudo depois acaba se ajeitando para Orgon. Mas não sem amargo arrependimento. Decepção e tristeza.

O que nos interessa nessa obra-prima de Molière é o exemplo de uma opinião a respeito de alguém fundada num erro de fato. Bem como o confronto entre opiniões adversas que dele advêm. E, finalmente, o efeito devastador que esse antagonismo pode produzir junto a pessoas originalmente ligadas por afetos muito positivos.

A certeza do acerto das próprias convicções leva a considerar opiniões fundadas em convicções contrárias como inaceitáveis. Insistir nelas enseja dissonância insuportável. Como se não compartilhássemos da mesma razão. E não fôssemos dotados dos mesmos atributos intelectivos. Negando a própria humanidade de que faríamos parte.

"Não é possível que essas pessoas não consigam ver com quem estão se metendo", dizem alguns incautos.

FATOS E VALORES

A reputação é uma construção discursiva. Uma produção de comunicação. Trabalha com o pensado e o enunciado. Com signos, portanto. Que podem se descolar parcial ou completamente da realidade de seu objeto.

Toda sociedade é uma usina de discursos. Um espaço polifônico. Que pode abrigar juízos de fato, tão somente. Do tipo: "Nunca a distância entre os cinco primeiros colocados da série A do campeonato brasileiro de futebol foi tão pequena desde que o campeonato existe na sua fórmula de pontos corridos". Nessa afirmação, há uma simples constatação. Um fato. Qualquer um pode comprovar. Mas não há atribuição de valor. Tampouco opinião.

Alguns discursos também podem abrigar juízos de valor. Mais ou menos explícitos. Assim, você diz que a lasanha está muito gostosa. Que a declaração desta ou daquela atriz a respeito do futuro do país foi infeliz. Que a tranquilidade do interior é melhor para uma família criar seus filhos. Que a segurança de outros países cria o cenário ideal para desenvolver projetos.

Aqui, o valor pode estar fundado em fatos. Mas vai além deles. Os fatos sempre podem ser checados. O valor que deles decorre não.

Os mesmos fatos poderão ensejar muitos juízos de valor. A lasanha, a declaração da atriz, a tranquilidade do interior e qualquer outro elemento da realidade poderão ser tomados por muito bons, bons, normais, discutíveis, inaceitáveis, ridículos etc. Não há uma verdade a opor a inverdades, como no caso do juízo de fato.

Neste mundaréu de discursos, valores e opiniões, como identificar a especificidade da chamada opinião pública? Algumas perguntas podem ser feitas.

OPINIÃO DE UM SÓ, DE MUITOS E PÚBLICA

Será que qualquer coisa no mundo, pessoa, conduta, decisão, acontecimento pode ser objeto de opinião pública? Nesse caso, na definição de opinião pública, não haveria que se falar sobre a especificidade do seu objeto? Fazendo a pergunta de outra forma: tudo que é objeto de opinião pode ser objeto de opinião pública?

Este livro, por exemplo. Que você acha ruim, meia-boca, bom etc. Alguma dessas opiniões, que é a sua, poderá vir a ser pública? Fazer parte dela? Integrá-la? Ou um livro, por alguma razão, nunca pode ser objeto de opinião pública?

Outra pergunta: a condição de uma opinião qualquer tornar-se pública residiria na adesão de muita gente, em uma coincidência opinativa de muitos, a respeito de alguma coisa, acontecimento ou comportamento? Neste caso, em que a quantidade importa, qual o limite? Até quantos pensando igual é opinião simples, e a partir de quantos é pública?

Mais uma: a opinião será pública ou não em função do porta-voz que a enuncia? Tipo nós aqui. Autores deste livro. Podemos sair palpitando sobre tudo e ficaremos restritos aos dois ou três desocupados que se dispuserem a nos ouvir. Mas quando um ex-presidente da República toma a palavra, aí é outra história. É assim mesmo que funciona? Suas opiniões são matéria-prima fértil para abastecer a opinião pública? Só porque ele é ele?

Quer mais? Será que a opinião ganha o *status* de pública em função da maior ou menor pertinência dos juízos de valor enunciados pelos discursos que lhe dão materialidade? Uma avaliação que argumenta com lógica acaba preenchendo os requisitos de endosso de mais gente e, portanto, se traduzindo em opinião pública?

Em contrapartida, uma *tonteria* qualquer, como diriam nossos irmãos hispânicos, fica na esfera do besteirol opiniático privado e olhe lá? Ou propostas tidas por insensatas podem se converter em opinião pública por conta de outros fatores já mencionados anteriormente?

Bem, queridos leitores. O capítulo termina com muitas dúvidas. Valem por elas mesmas, assim esperam os autores. Que não têm respostas para muitas delas. Restam dois capítulos. Oportunidade para algum esclarecimento. E a certeza de que fazer perguntas é o primeiro passo para pensar melhor.

19 MONSIEUR TOUT LE MONDE

Que a reputação seja pautada pela verdade da vida. Pelas iniciativas. Pelas decisões tomadas. Pelos valores que contam. Pelos princípios respeitados. E pelas normas nunca transgredidas. Ou então que vá às favas. Que digam o que quiserem.

"Eu não tenho nada a esconder. Você tem? Minha vida é um livro aberto. Quem não deve não teme!"

Quando você, leitor ou leitora, escutar o que acaba de ser dito, quase sempre enunciado em tom de ameaça ou desafio, peça a seu interlocutor a senha do e-mail. E das redes sociais.

Que lhe informe todas as transações bancárias. E que forneça também uma cópia das declarações de imposto de renda dos últimos cinco anos. Não se esqueça, por fim, de solicitar acesso às últimas mensagens enviadas e recebidas pelo celular.

Afinal, se não há mesmo nada a esconder, qual o problema de permitir que você dê uma espiadela?

Em tempo: se não tiver nada de mais importante pra fazer, peça também a chave da casa. E avise que dará uma passadinha. Para olhar dentro dos armários e chafurdar nas gavetas.

"Ah!, mas eu não sou político, não exerço cargo público, sou um zé-ninguém, uma pessoa comum, desconhecida", ele retrucará.

Os franceses têm uma expressão boa para identificar esse tipo de pessoa que ele afirma ser: *monsieur tout le monde*. Senhor todo mundo. Ou senhor qualquer um. Eu, se fosse você, leitor ou leitora, voltava à carga. E não deixava o falastrão sair dessa tão limpinho.

"Ué, mas não era você que não tinha nada a esconder? Será que apenas pessoas importantes — ou que têm alguma projeção pública — devem expor a sua vida privada a quem quer que seja?"

De fato. A privacidade não pode ser entendida como um pretexto de pessoas comuns para ocultar ilegalidades ou qualquer outra coisa. Ela não se confunde com o inconfessável. Com uma coisa proibida que escondemos do olhar do outro. Se fosse, chamar-se-ia segredo!

Tampouco a privacidade deve ser abdicada pelas pessoas que têm uma vida pública. Pois não se trata de prerrogativa ou direito exclusivo de anônimos. Até porque, convenhamos, todos nós temos alguma vida pública. Não devemos, portanto, confundi-la com serviço público ou representação pública. Muito menos com vida de celebridade ou de personalidade pública.

O ÓLEO DO PIPOQUEIRO

Voltemos à questão primordial. A privacidade é um direito. Previsto na nossa Constituição. Vale, portanto, para todos. E não somente para alguns. Todos temos direito à privacidade. Nós, que transitamos invisíveis pelas ruas. E os outros, que algum dia fizeram algo que merecesse o desvio dos olhares, a aproximação de desconhecidos, pedidos de *selfies* e declarações de fãs.

De Cortella, Karnal e Pondé aos autores deste livro. Da chanceler alemã Angela Merkel ao garçom que está batendo na porta do quarto do hotel para entregar o misto-quente que solicitamos. Dos ex-participantes do *Big Brother*, d'*A Fazenda* etc. ao pipoqueiro que vende suas guloseimas na porta de alguma escola. Todos têm o mesmo direito à preservação de uma esfera íntima ou privada.

Isso não quer dizer que todas aquelas pessoas que comercializam sua vida privada — como as irmãs Kardashian — ou que ocupam determinadas posições de representação pública ou institucional — como um senador da República — devam ter sua privacidade tratada da mesma forma que a do pipoqueiro do exemplo anterior.

A atividade profissional deste último o dispensa de dar maiores satisfações a respeito do que faz ou deixa de fazer. Quando muito, pode ser solicitado a se explicar a respeito da procedência do milho. Ou do óleo que utiliza. Provavelmente também será avaliado no trato com as crianças. Mais ou menos gentileza. Simpatia. Camaradagem. E honestidade. Na hora do troco. Conservando intocada sua privacidade.

AH, PARIS! ULALÁ!

Já os outros dois, o senador e as irmãs, quer seja pelas responsabilidades inerentes às funções do legislador, quer seja pelo interesse que sempre desperta o comércio das intimidades, perdem ambos uma parcela importante de privacidade.

Assim, seria de claro interesse público saber que um dos nossos excelentíssimos senadores, ainda que em estrita atividade de lazer, tenha viajado além-mar em primeira classe. Hospedando-se em hotéis de luxo. Tudo às custas de um importante grupo empresarial. Enquanto a sociedade, empobrecida, apenas consegue pagar seu salário. E o de seus assessores.

A função pública que desempenha — e as responsabilidades que dela derivam — requer isenção. Requer a tranquilidade de legislar, sem nenhum constrangimento, contra os interesses daquele generoso patrocinador, se for do interesse maior da sociedade.

Mais do que não estar com as mãos amarradas pelo compromisso asfixiante da doação, é preciso também parecer isento e livre. Para atender, na condição de representante, ao povo soberano que representa. No melhor estilo da ética platônica.

LIVRO QUE NINGUÉM LERÁ

Na vida em sociedade, não basta ser justo. É preciso ademais parecer justo. Para não comprometer a reputação. Nem do senador. Tampouco da instituição de que ele faz parte. Nada menos do que a Câmara alta. O Senado Federal.

Isso não quer dizer que legisladores desse nível não tenham direito à privacidade. Todos temos! Porém, o cargo que ocupam exige um maior respeito à ética pública. O que acaba exigindo transparência. E, portanto, exposição. Não é a mesma coisa para o olhar de curiosos a ducha tomada num boxe de vidro transparente ou de vidro fosco.

Isso vale para todos que lidam com a coisa pública. Por estarem a serviço da sociedade. Por terem se disposto, mediante eleição, concurso ou cargo de confiança, a serem servidores públicos.

Caso pretendam manter intacto seu direito à privacidade, com maior esfera de proteção, talvez seja recomendável algum redirecionamento profissional. Um ofício menos exposto.

Como um ajustador de relógios de pulso sem contato com o público. Ou nosso vendedor de milho processado ao término da aula. Ou ainda um escritor. Desses livros que ninguém nunca lerá. Apesar do título apelativo e reluzente na capa.

GANGORRA EMPERRADA

Lidas as páginas anteriores, você, leitor ou leitora, conjectura com seus botões: "Em tempos de Google, Facebook, *Big Brother* e enormes redes de vigilância — como as que Edward Snowden, o famoso ex-agente da National Security Agency, denunciou —, não há de restar nada de privacidade para nós".

Você tem razão em se preocupar. Muitos, como já dito, não se importam de abrir mão de suas privacidades. Outros vão além. E as vendem. Comercializam suas intimidades. Ante contraprestações de muitas naturezas. Em pecúnia, por exemplo. Tipo toma lá, dá cá.

"Te conto ou te mostro o que quiser e tá aqui o número da minha conta."

Mas também em visibilidade. Para monetizar mais tarde. Em consagração simbólica. Para converter badalação em dinheiro, em qualquer casa de câmbio. Dessas em que a sociedade paga para ver de perto, e com alguma exclusividade, aqueles que viu primeiro de longe em rede nacional. Escravidão da personagem. Exigida pela sociedade pagante. Culminando em clamores por alforria. Em defesa de si. E fazendo lembrar Fernando Pessoa:

> *Pose por pose, [melhor] a pose de ser o que sou. Nada de desafios à plebe, nada de girândolas para o riso ou a raiva dos inferiores. A superioridade não se mascara de palhaço; é de renúncia e de silêncio que se veste. O último rasto de influência dos outros no meu caráter cessou com isto. [...] Um raio hoje deslumbrou-me de lucidez. Nasci.*

Tanta energia e esforço em defesa do autêntico eu é mais que suspeita. Existir em sociedade, ser conhecido e reconhecido como alguém que integra o grupo, com distinção, sempre requereu algum tipo de alienação de privacidade.

Em outras palavras, a pretensão de blindagem, de proteção absoluta do que é privativo, implica um rompimento progressivo dos liames sociais. Um isolamento. Deixar de existir no grupo e para o grupo. Em renúncia e silêncio.

Sugerimos, portanto, que, na busca das relações mais harmoniosas entre as pessoas e das melhores condições de vida feliz para todos, a privacidade e sua invasão parecem ocupar lados opostos de uma gangorra.

E estamos vivendo, nos dias que correm, um instante particularmente desvalorizado do que é estritamente privado. Uma gangorra emperrada, portanto. Convertida em autêntica rampa. Pelas novas exigências da sociedade do consumo.

CARTEIRO MEGAENXERIDO

Com efeito. A vida que é particular a cada um de nós encontra-se hoje muito mais exposta do que há dez anos. Goste o leitor ou leitora ou não. Somos filmados por câmeras espalhadas pelas cidades. Em nome da segurança, estradas e aeroportos filmam cada milímetro de nossos passos. Detectores invadem nossos pertences.

Somos escaneados a torto e a direito. Impressões digitais coletadas. Nossa face identificada e checada. Entrar numa agência bancária pode exigir constrangedor desnudamento. Grandes espetáculos autorizam o apalpamento daquilo que em outras épocas só na noite de núpcias podia ser tocado.

Ao conectar um computador ou celular, tudo o que fazemos *on-line* gera dados que permitem rastrear o que vimos e quando vimos. Até mesmo uma Smart TV captura nossos sinais de movimento. Não são poucas as empresas que, para contratar um funcionário, rastreiam o candidato em suas redes sociais digitais. Para saber como interage "em outros ambientes" e, sobretudo, o que pensam dele em interações *off office*.

Neste admirável mundo novo, é como se o carteiro, megaenxerido, lesse nossas cartas antes de entregá-las.

"Inadmissível", brada alguém mais saudosista. Leitor ou leitora à moda antiga. Pois bem.

PAGANDO BEM, QUE MAL TEM?

Dois pesquisadores da Universidade de Harvard, Hagel e Rayport, lá no longínquo ano de 1997, após a realização de ampla pesquisa, concluíram que para muitos consumidores o problema não estava tanto em ceder parte de sua intimidade ou vida privada às empresas ou ao governo. Mas sim no que receberiam em troca.

Se o escambo fosse atrativo, estariam dispostos a ceder gostosamente o que fosse preciso. Quanto maior a recompensa, maior a propensão a abrir mão de espaços da vida privada. E o intuito foi mesmo só o de apresentar o resultado da pesquisa. Jamais o de chamar ninguém de mercenário.

Mas se algum dia você chegou a cogitar que tudo que há de mais íntimo para quem quer que seja tem sempre um preço para ser escancarado em praça pública, saiba que Harvard apoia com resultados empíricos e métodos bem justificados essa sua intuição.

É verdade que, do estudo de Hagel e Rayport para cá, o mundo mudou bastante. Algumas ocorrências, no entanto, parecem ratificar ainda hoje os resultados obtidos lá atrás.

O chamado escândalo da Cambridge Analytica — a utilização de dados massivos sobre o comportamento *on-line* de usuários do Facebook com fins políticos por uma empresa "parceira" da maior rede social digital do mundo —, por exemplo, só foi possível porque, ao acessar "joguinhos" na famosa rede, os usuários consentiam o uso de seus dados e rastros pessoais para tais fins.

Esses momentos de prazer e fruição alimentaram uma enorme rede de vigilância, que mandava às favas a tal da privacidade. Permitindo a obtenção de informações que influenciaram o comportamento de eleitores no referendo que decidiu pela saída do Reino Unido da União Europeia, o Brexit, em 2016, e na corrida presidencial dos Estados Unidos em 2017.

BLOCO DO EU SOZINHO

"E se deixarmos de dar nosso consentimento para manter intacta nossa privacidade?"

Bem, nesse caso, você teria que praticamente parar de consumir. Viver uma vida cada vez menos possível. Produzindo tudo de que necessita. Plantando alimento e ervas medicinais. Fazendo a própria roupa. Com algodão plantado. Ou com o couro de algum animalzinho cuja carne já foi devorada faz tempo. Pode até rolar. Mas dá trabalho. E requer *expertise* em muitas áreas. Tem seu charme. Vida autossustentável. Não precisa dar satisfação a ninguém.

Caso você não se tenha deixado seduzir pelas tarefas inerentes a esse "bloco do eu sozinho", melhor continuar se dedicando à sua especialidade. Para a qual se preparou um pouco. Durante anos, talvez. Ganhe algum dinheiro com ela. E compre o resto. Como todo mundo.

Deixe que os outros façam tudo aquilo que você não consegue fazer. Seja porque não sabe, seja porque jamais teria tempo. O que é compreensível. Converta-se num consumidor. De quase tudo.

Mas saiba bem onde está pisando. A privacidade passou a ser a moeda de troca fundamental para quase todas relações de consumo. Das mais simples às mais sofisticadas. Da aquisição de um maço de cigarros num posto de gasolina à de um imóvel no estrangeiro junto à imobiliária internacional e ao uso de recursos *offshore*.

"Quer dizer que a alternativa é essa? Ou vivo como um ermitão, tipo Capitão Caverna, ou tenho que facilitar o tempo inteiro informações a meu respeito a todos aqueles de quem venha a precisar?"

Risos. O leitor ou leitora tem uma veia dramática. Podemos vê-lo. Bradando dilacerado. Enunciando seu inconformismo. Cheio de saudade dos tempos em que era possível apenas viver. Sem virar cadastro a cada interlocução.

CONSUMO 24/24

Galhofas à parte, de fato, se você optar por não ceder seus dados, certas relações de consumo ficarão comprometidas. Na compra de um computador de última geração, para colocá-lo em marcha, isto é, para configurá-lo, terá que abrir mão de um pouco de privacidade. Sem isso, o aparato ficará circunscrito a suas discutíveis funções decorativas.

Assim como será difícil que consiga comprar um comprimido na farmácia da esquina por um preço justo sem ceder o número do seu CPF ou adquirir o "cartão fidelidade" da drogaria. Que exigirá, sempre rapidinho, o preenchimento de um cadastro. Ao fornecer esses dados, você obterá descontos. Nem sempre significativos.

E deixará na farmácia, como contrapartida de tanta generosidade, preciosas informações, que permitirão às máquinas uma identificação, cada vez mais fina, da sua identidade consumidora. Fazendo brotar a cada instante, diante de seus olhos, tudo aquilo que mais provavelmente esteja te fazendo falta. Para que não sobre nenhum segundo de vida útil sem alguma prática de consumo.

NOSSO ÚNICO LEITOR OU LEITORA

Como vimos, a ética é uma área do conhecimento. Para a qual contribuem muitas inteligências. Tem por objeto o valor das ações humanas. O dever ser da conduta. E busca formas justas de convivência. Sendo assim, é previsível que essa tendência de alienação da privacidade nas práticas de consumo chame a atenção de seus maiores especialistas.

O pesquisador finlandês Charles Ess, reconhecido especialista em ética digital, destaca a consolidação de dois modelos de reflexão ética sobre o tema. De um lado, o europeu; do outro, o norte-americano.

"Lá vem esses caras com esses modelos de manual. Passei a vida decorando coisas assim para fazer prova. Agora que comprei este livro, vocês me vêm apresentar, um após outro, o jeito *x* ou *y* de pensar. Aposto que vão acabar falando de paradigma. Sinto-me enganado."

Por favor. Não diga isso. Você é nosso único leitor ou leitora. Se desistir agora, o livro deixa de ser um diálogo. Escreveremos estas páginas finais para ninguém. Se o problema for o valor do livro, juramos que devolvemos.

Mas fique mais um pouco. Esses dois jeitos, muito diferentes, de entender o que é justo evidenciam uma coisa importante. Dependendo do seu ponto de partida na hora de atribuir valor às coisas da vida do homem, aquilo que a galera chama de premissa — sobre a qual pouco se discute —, o resultado final da reflexão, isto é, o certo e o errado, o justo e o injusto, pode mudar completamente.

DOIS LADOS DO ATLÂNTICO

Comecemos pelos do lado de cá do oceano. Nos Estados Unidos, para o bem ou para o mal, a privacidade digital passou a ser encarada como uma questão de equilibrar as relações entre empresas e consumidores a partir de uma ética utilitarista (não se assuste com o jargão). Em que consiste essa tal ética utilitarista?

Trata-se de buscar a solução mais justa tendo como referência a felicidade do maior número possível de pessoas. Assim, se você se deparar com um dilema qualquer, basta se perguntar qual das propostas produziria o efeito de aumentar a felicidade do maior número de concernidos ao problema.

Esse número possivelmente corresponde à felicidade do maior número de pessoas no mundo inteiro. Porque os que não estiverem envolvidos na questão não serão afetados. Nem ficarão sabendo. E continuarão na mesma.

ENXAQUECA DO MALANDRO

Tomemos uma situação trivial. Você está no trânsito. Com dor de cabeça. Passa por uma farmácia. A vaga para clientes está ocupada. Você não tem tempo de procurar outra. Cogita parar em fila dupla. Isto é, largar o carro no meio da rua com o pisca alerta ligado por alguns minutos.

Deve fazer isso?

A resposta utilitarista sugere a você uma investigação a respeito da felicidade dos envolvidos. Se quiser começar pela sua, fique à vontade. Sem dúvida, houve ganho de comodidade. Afinal, você não perdeu nem um segundo procurando vaga. Ponto positivo pra você. Bem legal. E ainda, por alguma estranha razão, depois de ter bloqueado o trânsito por minutos, o número de carros à sua frente ficou bem menor.

"Estranho. Tá bom o trânsito agora. Não estava há pouco. Deve estar rolando algum desvio."

Pensemos agora nas pessoas que trabalham na farmácia. Fica claro que elas não devem entrar nessa conta. Afinal, para quem vende o remédio, é irrelevante onde o carro do cliente está estacionado. Importaria muito se tivesse havido desistência da compra. O que não aconteceu.

E claro. Há que considerar também os que passam de carro pela rua. Onde seu carro encontra-se estacionado indevidamente. Afinal, para todos eles passarem, das duas pistas disponíveis, restou uma só. Graças à sua iniciativa. A lentidão aumentou. O fluxo diminuiu. Os atrasos recrudesceram. Esses motoristas certamente ficaram tristes.

Se limitarmos o nosso cálculo de felicidade a esses envolvidos, para encurtar o exemplo, e desprezarmos todos os outros, como os moradores incomodados pelas buzinas, já podemos passar a régua. E chegar à conclusão de que o único francamente feliz com a fila dupla é você.

Quanto ao resto do mundo, bem, ou ficou indiferente, ou parece não ter gostado muito. Na somatória, colocamos você mesmo com sinal positivo, um a zero. E uns quatrocentos usuários de veículos que viram seu trânsito complicado pela sua manobra. Um a quatrocentos.

Eis o placar. Como diriam os mais cínicos, felicidade de uns, tristeza de outros. Então, você é obrigado a aceitar que, de acordo com a ética utilitarista, sua deliberação não merece nota boa. Tem valor negativo.

Foi só um exemplo pra pegar você pela mão. A vida em sociedade e a busca da convivência mais justa não se limitam a enxaquecas e escassez de vagas.

INVASÃO VERSUS PROTEÇÃO

De acordo com o utilitarismo, ante um conflito qualquer entre consumidores e empresas em torno da privacidade dos primeiros, a solução mais justa continuará decorrendo do mesmo critério: a felicidade do maior número. Sendo assim, o cálculo monetário passa a ser eticamente válido para dar uma resposta considerada justa. Quantos ganharam e quantos perderam. Quantos enriqueceram e quantos empobreceram.

A medida tomada foi favorável ao maior número de pessoas? Se sim, ainda que tendo causado danos a um, dois ou três, não importa. Afinal, como sabemos bem, o cobertor é quase sempre curto. Nunca dá pra cobrir tudo.

O mundo é escasso. E os pretendentes não param de surgir. Não tem mundo pra todo mundo. Nenhuma solução trará felicidade para todos. Então, que se decida pelo que felicitar a maioria. E fim de papo. Eis a solução ética que deve ser adotada.

Ah! Já íamos esquecendo. Nesse contexto, a responsabilidade pela pugna entre consumidores e empresas é de cada um. Nada de enfiar o Estado, o governo ou qualquer outra instituição na parada. Em rápidas linhas, este é o jeito americano de entender o valor ético da privacidade. Nos mais variados casos em que possa haver dúvida entre protegê-la ou invadi-la.

Já o modelo europeu, também conhecido como deontológico, considera o estatuto de cidadão superior ao de consumidor. Em outras palavras: muito antes de sermos consumidores, somos sujeitos titulares de direitos. De tal sorte que não caberia um cálculo moral quantitativo em função das consequências.

Cabe, sim, pensar o que deve ser considerado privativo e blindado a partir do que somos acima de tudo: cidadãos. De tal maneira que toda privacidade deverá ser avaliada a partir da referência da cidadania. Devendo valer para todos. Independentemente do que os faça felizes. Muito menos de quantos ficaram felizes ou não.

Consagra-se um raciocínio do tipo:

Somos cidadãos. Um cidadão deve ter essas e essas informações a seu respeito na esfera da sua privacidade. Seja o cidadão que for. Gostando disso ou não. Alegrando-se ou não. No limite, tendo consciência disso ou não. E cabe ao ordenamento jurídico proteger a privacidade de cada um. Mesmo que este ou aquele cidadão não faça nenhuma questão dessa proteção.

Tudo muito bonitinho, tudo muito teórico. Entretanto, e no mundo de carne e osso? Bem, não queremos deixar você, leitor ou leitora, paranoico. Já somos o bastante. Não nos cabe discorrer sobre qual modelo seria melhor ou pior para as interações digitais e a defesa da privacidade. Mas a verdade é que, enquanto norte-americanos e europeus disputam para fazer com que seu entendimento ético sobre a privacidade se imponha, empresas, governos, instituições, a farmácia da esquina, a câmera instalada na porta do seu condomínio... seguem fazendo o diabo com a sua e a nossa privacidade.

20

EU TE AMO CALADO... XI, FALEI! — CONSIDERAÇÕES FINAIS

Quem nunca...?

Pisou na bola. No tomate. Agiu de forma leviana. Torpe. Infiel. Canalha. Calhorda. Escrota. Virou a casaca. Puxou o tapete. Molhou a tampa. Jogou a toalha. Fez uma grande burrada. Cachorrada. Besteira. Porcaria. Vistas grossas. Deu de ombros. Deixou na mão. Lavou as mãos. Foi mão leve. Pegou no pé. Deu pontapé. Puxou o saco. Deu as costas. Apunhalou pelas costas. Mostrou o dedo.

Mentiu. Acusou sem provas. Escorregou no preconceito.

Talvez sejam só perguntas retóricas. Que muitos já se fizeram na hora H. Quando se meteram numa enrascada. Ou em situação desabonadora. Pegos com as calças na mão. Com a boca na botija. Ou com a roela do Eno (nossa homenagem a Teodoro & Sampaio).

Nessas horas, muitos pensaram: "Adeus, reputação!". Ou disseram: "Eu posso explicar!".

"Escândalo!" Você se lembra das páginas lidas.

Sem dúvida. Mas quem nunca?

VELÓRIO FELIZ

Chegamos às considerações finais deste livro. Denominadas assim porque ocupam suas últimas páginas. Mas que consideram muito pouco. E não finalizam nada.

Alívio para quem não aguentava mais. Neste ponto autores e leitores concordam como nunca. Já passa da hora de terminar. Só resta celebrarmos. Juntos.

Façamos nosso *happy hour*. Sexta-feira às seis da tarde. Quando o trabalho acaba. Mas também o treinamento extenuante do atleta. O ensaio do músico. A leitura do livro. Que parecia não ter fim. Serve pra qualquer coisa. Quem sabe pra vida como um todo. Por que não? Um jeito meio corporativo de entender a morte. *Happy hour*. Velório feliz.

Perguntamo-nos, por mera curiosidade, quantos vieram conosco até aqui. Dentre todos os três que se dispuseram a começar a leitura. Certamente nenhum. O que tira dos nossos ombros uma tripla e pesada responsabilidade. Esmagadora, desde o começo. Gratidão a eles. Pela leveza.

A POTÊNCIA DO MÍSSIL

Você, boêmio, leitor ou leitora, assíduo da Lapa carioca, saberá o que cantavam os sambistas do Casuarina. "Do ponto de vista do mar, quem balança é a praia." Constatação náutica e poética.

Nós na Lapa nunca estivemos. Nem em hora de lusco-fusco. Nem em nenhuma outra. Para nossa imensa tristeza. Ficamos com os relatos e nossa imaginação. E agora que os três leitores se foram, não sobra nem a esperança de um convite. Para um sambinha tão desejado. Apesar da falta de jeito.

Do ponto de vista do mar, quem balança é a terra.

A opinião sobre uma pessoa ou um coletivo delas também é assim. Um ponto. Um vetor, para quem olha de fora. Que se depara com infinitos outros. Com sentidos e direções iguais, semelhantes, diferentes, opostas. Mísseis que, ao se esbarrarem, redefinem suas rotas. Seja pelo mero fortalecimento de um percurso inabalável. Seja tomando o caminho de volta. Seja com desvios sutis.

No primeiro caso, a própria opinião, submetida a pontos de vista diferentes — o que é sempre um risco — vence, ficando, portanto, mais robusta.

Já o segundo caso se dá quando, por alguma razão, não dá pra debater. Pela inconsistência do próprio argumento. Ou pela legitimidade do porta-voz adversário. Ou ainda pelo número de opositores. Que fazem de toda enunciação um custoso e interminável enfrentamento. Dissonância que não acaba. Tristeza que ninguém aguenta.

Por fim, no terceiro caso, ocorre um processo de acomodações sucessivas. De negociação paulatina. E suportável. Em que a preservação de certos aspectos da opinião original é suficiente para proporcionar alguma gratificação. Compensando as eventuais perdas.

Por tudo isso, a reputação é somatória instantânea e sempre provisória de vetores mutantes.

SÓ COM UM SUSTO!

A potência do míssil é garantida pela legitimidade do porta-voz. Foi o que afirmamos anteriormente. Claro. Só ela, a tal legitimidade de quem fala, confere ao discurso a força persuasiva no impacto com outros mísseis. Só ela garante auditório. Relevância social ao argumento.

Todos podem falar. Enunciar suas opiniões. Mas poucos serão ouvidos. São os titulares de um capital social acumulado. Nos mais diversos campos sociais em que possam transitar. Que convertem tudo que dizem em mensagem de consideração obrigatória.

Em sociedades livres, cada um diz o que pensa. E legitima com os recursos que tem. Com o capital que acumulou. Com o prestígio de que goza perante os ouvintes.

Há quem seja aplaudido antes mesmo de começar a falar. Quem não precise sequer abrir a boca. Ovacionado pelo que já disse. Ou fez. E, claro, há outros, como nós, autores deste livro. Que se encontram em outra fase da vida. E, para conseguirem um segundo de atenção, só com susto. Questão de decibéis. E de potência vocal.

As redes sociais reorganizaram o mundo. Ao menos certo mundo. Nele, todo mundo fala. Todo mundo que quiser falar. E as chancelas sociais anteriores importam muito menos. Fim da desqualificação antecipada. Dessa forma, o caldo discursivo aumenta exponencialmente. A polifonia se agiganta.

Os mísseis se tornam visíveis. Quase todos ao mesmo tempo. De robustez e potência menos discrepantes do que antes. Tudo parece facilitar a conta. Tornar a somatória e o resultado provisório da reputação ao alcance de todos. Placar em neon.

DEDO NERVOSO

Na hora de mandar uma mensagem, escrever ou comentar um *post*, replicar um vídeo, a mão tende a escorregar ligeira pelo teclado. Com avidez descontrolada. A câmera permite registrar. Não importa o quê. Toca em qualquer lugar da tela. Com mais força quando não funciona. Quando a bateria acaba.

Em tempos de *check-ins* compulsivos, *selfies* angustiadas e postagens em tempo real, a redefinição das fronteiras entre a vida pública e a vida privada vira um imperativo. A intimidade foi trocada pela inclusão. Dita digital. De identidades que cabem na tela.

Em meio a tudo isso estamos nós. Ilhas afetivas. Condenados à nossa solidão de pessoas comuns. Estão também as celebridades. Não menos solitárias. As autoridades. Que se servem do próprio capital social para constranger. Impor. Fazer triunfar suas crenças de superioridade. Herdadas ou adquiridas. E líderes genuínos. Cuja liderança é mais que esperada. Aplaudida pelos subordinados.

Tudo junto e misturado.

VISÍVEIS, SÓ POR TABELA

E assim seguimos. Deixando o pensamento fluir. Sobre a vida e sobre o resto. Na ilusão de que ele esteja no comando. E de que, por isso mesmo, sejamos soberanos.

Enquanto isso, vamos sentindo. Fluxos vitais que nos animam. Energias e potências que não param quietas. Ditando batida sem ritmo. Decretando movimento. Desdenhando das justificativas. Fazendo agir sem mais. Bem escondidas atrás dos corpos que põem em movimento. Visíveis, só por tabela. Escudadas pela ilusão do ser. Esse mesmo que se toma por criador. E senhor de si.

Energias e potências oscilantes. Que causam sensações. Que aproximam do mundo. Mas também dele afastam. Que aumentam na alegria e diminuem na tristeza. Porque aí reside o valor. No efeito que os corpos determinam em nossos corpos. E, assim, o mundo será do bem se e quando nos fizer bem. E do mal. Em todos os outros casos.

TESÃO PELA CHANCELA ALHEIA

Depois de todos esses afetos, resta enunciar discursos. Ninguém os guarda para si o tempo todo. Parece haver um tesão pela chancela alheia. Não basta flagrar o mundo que causa alegria. Ou tristeza. Precisamos saber se com os outros rola parecido.

Na tentativa vã de buscar solidariedade, articulamos palavras. E tudo mais que temos na manga para comunicar. Gestos, olhares, lágrimas, gritos, abraços. É tudo que podemos oferecer. Para conseguir comemoração. E compaixão.

Por isso, além de nos deixar afetar, comunicamos. Como vimos, a partir das sensações, definimos valores. Mas queremos que todos saibam. Falamos bem do que nos alegrou. E mal do que nos entristeceu. E vemos o que acontece. Se com os outros passa o mesmo. Se tem gente que concorda. E enuncia a mesma opinião. Nesse caso, a conversa se estica. Prazerosa.

Mas pode haver desentendimento sobre os valores enunciados. Decorrentes de afetações diferentes. Mais do que esperado. Afinal, somos corpos singulares. Com células de mais ninguém. E, por cima, encontramos o mundo numa perspectiva que é só nossa. A cada instante. Teríamos que ser o outro, ter seu corpo, sua alma, ocupar seu ponto de vista, para poder ver, num instante qualquer, o mesmo mundo que ele vê. Zero chance.

Essa discordância pode sair na urina. Ser tomada por irrelevante.

"Não vamos sair na mão por causa disso. Você é meu *brother*."

E se já tiverem bebido um pouco mais:

"Gosto de você pra caralho, porra!"

Mas sabemos bem que nem sempre termina assim. A pluralidade de afetos, de valores e de opiniões pode ensejar conflito, ódio, cisão, enfrentamento, guerra, extermínio, destruição.

Como no caso do vídeo do dentista citado antes. Sempre gentil e cordial. Mas que, num dia de fúria, levado ao descontrole por um paciente particularmente implicante, acabou por se deixar conhecer com largueza. Por milhões mundo afora. Com a broca na mão e palavras carregadas de rancor.

TENTAÇÃO CANALHA

O titubeio ético é próprio da nossa condição humana. Inacabada. Quer no tocante à comunicação sobre a conduta de alguém, quer na hora de atribuir valor às nossas próprias ações.

Na solidão, somos convidados a deliberar. Mais que isso. Condenados a fazê-lo. O tempo todo. Ética em potência. Que tudo afeta. A nós e ao mundo que nos rodeia. Ética que se realiza no agir, e não em alguma essência do ser.

Por isso insistimos numa inversão. Que coloque a ética como cimento da condição humana. Que deixe de tomá-la apenas por um gabarito pronto. Um padrão imposto. E engolido a seco. De conformidade a não se sabe o quê.

Que permita vencer o medo. Devolvendo dignidade a quem se encontrava de joelhos sem saber. Tentando fincar guarda-sóis na areia. Depois de ter aniquilado todas as árvores do caráter. Que nos deixe permanecer angustiados. Mas que não nos condene à ilusão de nenhuma espécie. Afinal, você lembra: "angustiados, sempre; iludidos com a vida, nunca".

REPUTAÇÃO EXPOSTA NA JANELA

Estamos expostos. O mundo é *voyeur*. Ou vitrine. Realidade, espetáculo ou espectador. Do ser pensante de Descartes ao ser percipiente de Berkeley, passando pelo ser simbólico de Cassirer até chegarmos ao ser consumidor de Baudrillard. Consumidor de tudo. Inclusive do outro. A vida virou espetáculo.

O filme *O Show de Truman*, estrelado por Jim Carrey, trata justamente dessa conversão. Lançado em 1998, denuncia a cultura da celebridade. A sede insaciável pela vida privada de certas pessoas. Com enorme ênfase em pequenos detalhes. É uma sátira afiada sobre a espetacularização do ser humano.

A trama traz a insólita trajetória de Truman Burbank. Um bebê indesejado pelos pais. Adotado por uma rede de televisão. Que fez de sua vida um espetáculo. Exibido 24 horas por dia. Desde seu nascimento. Um *whole life reality show*.

Tudo acontece na cidade de Seahaven. Para todos, menos para Truman, um imenso cenário. Povoado por atores. E, claro, pela equipe técnica do programa. O mundo inteiro sabe o que está acontecendo. Menos o protagonista. Que acredita estar vivendo como todos os demais. Sem desconfiar da manobra. Que fez da sua existência um entretenimento global.

O Show de Truman é um filme. Seu protagonista é um ator. Mas os *reality shows* que se sucedem com enorme sucesso são vidas em laboratório, vendidas para diversão. Com a ciência e a aquiescência de todos.

Mundo pós-privacidade. Nisso acreditam muitos. Que pôs fim a todo devaneio de reputação estável. Porque estamos mesmo na janela. Expostos. Para que passem a mão onde quiserem. Ou isso, ou nada. Nada mesmo. Nem a morte. Que não cala os detratores. Porque a vida social sobrevive à orgânica.

IDIOTAS E A VIDA PÚBLICA

A relevância da vida pública é destacada desde os antigos. Só a inserção na pólis permitiria ao homem realizar sua humanidade. O dia a dia intramuros, dentro de casa, ou resolvendo probleminhas no escritório, seria existência de valor menor. Muito menor. A definição de homem dada por Aristóteles deixa claro: animal político, dotado de logos.

Animal como os outros animais. Com potência. Energia para viver. Algum instinto. Tipo de saber correlato ao agir e reagir no mundo. Em luta para sobreviver. Para perseverar. Em constante adaptação. Em função de duas particularidades.

De um lado, os próprios atributos de natureza. Como mandíbulas, barbatanas, peso, velocidade, número de membros. De outro, os atributos do mundo efetivamente encontrado. Na Amazônia ou no Pantanal ou no zoológico de Londres. Em algum iglu ou num metrô de Tóquio.

O MENINO-LOBO

O homem é animal como os outros. Mas não só. Trata-se de um animal político. Isto é, feito para viver na pólis. Sua natureza requer essa inscrição. Integração na cidade. O que significa, antes de mais nada, com mais gente. E não só o pai, a mãe e os irmãos.

A pólis vai além da família. Reúne muitas delas. Requer um governo, com pessoas governando. Leis, com pessoas legislando. E, no caso de divergência ou conflito, alguém que possa dizer quem tem razão.

Você questiona: "Mas deve ter havido na história da humanidade muitos homens que não viveram em pólis alguma, não? Mesmo hoje, neste momento, tem gente perdida por aí. Certamente. Vivendo longe da cidade. Sem vínculo político algum".

E conclui: "De duas, uma. Ou esses que acabamos de citar são homens e a definição de Aristóteles não convém. Ou, então, o grego tem razão. E, neste caso, esses indivíduos não são homens. Embora animais, não preencheram esse requisito político da humanidade. A vida não atualizou a possibilidade que tinham de serem humanos".

CONCHA MORETZSOHN

Mas o homem não é só animal político. É também dotado de logos, que, como já dito, quer dizer, ao mesmo tempo, razão e discurso. Capacidade de pensar — por intermédio de signos — e de enunciar. Esses signos permitem a comunicação. Com seus emissores ativos produzindo discursos. E seus receptores ativos interpretando, reconstruindo, relacionando, conectando.

Os signos, usados para comunicar, permitem entendimento comum. Possibilitam toda convenção. Assim, por exemplo, Fábio Moretzsohn, amigo do Clóvis radicado em Austin, descobriu uma concha. Biólogo especializado em moluscos que é. O mundo inteiro chama a tal concha de "Moretzsohn". De Ushuaia a Pequim, pesquisadores em seus laboratórios solicitam uns aos outros:

"Pega a Moretzsohn para eu olhar de novo nesse microscópio."

BANANA É SÓ UMA PALAVRA

Para que os signos possam servir para comunicação, todos nós precisamos pegar o bonde andando. Isto é, quando começamos a querer participar da sociedade, da vida, nos deparamos com uma rede de enunciadores e enunciatários já instalada. Com uma infinidade de pretensões contraditórias e significados provisoriamente consagrados. Muita coisa já tinha sido acertada entre eles. Sem que estivéssemos presentes para dar sugestões.

A palavra "banana" permite a todas as mentes do mundo pensar em um fruto que no mundo da vida é estritamente unitário. Cada banana vive sua vida. Sem solidariedade particular com as outras. Sem saber que é banana. Sem poder enunciar o que é. A rigor, a palavra "banana" nada tem a ver com cada uma delas. Todas diferem entre si.

Ah, se pudessem falar. Certamente se rebelariam contra esse abuso simplificador.

"Como ousa nominar da mesma forma aquela coisinha miúda, excessivamente doce, e sem nenhuma altivez fora da penca, e eu. De envergadura notável. Que preenche. Satisfaz. E não enjoa."

Mas, para nós, a mesma palavra "banana" quebra bem um galho. Se tivéssemos que decorar um nome diferente para cada corpo que denominamos "banana", não faríamos outra coisa na vida. Tornaríamos a comunicação paradoxalmente muito menos precisa e eficiente.

Tente pedir duas bananas com aveia e mel chamando-as por seus nomes específicos.

"Eu quero a xwq34yi12 e a 90876efgw com srtifvod e p58ui-vjdi."

Sim. Porque a aveia e o mel também entram na jogada.

Ao passo que, quando alguém diz "banana", todos temos uma ideia bem razoável do que passa pela sua mente. Isso porque, previamente, fomos ensinados a relacionar as palavras com esses nomes genéricos aos quais elas correspondem. Que só existem para nós. Abstrações. Que permitem superar a estrita particularidade da vida vivida. Como uma lei científica. Ou uma norma prescritiva. De certo comportamento.

Pronto. Explicamos pobremente a definição de homem. Animal político dotado de logos. Os elementos que a integram encontram-se muito interligados.

COISA DE IDIOTA

No mundo antigo, a vida pública era a única conhecida como capaz de preencher os sujeitos. A política e a ética estavam intimamente relacionadas entre si e com a coisa pública.

A vida privada era tão desimportante que deveria ficar circunscrita aos *idees*, todas aquelas pessoas (em sua maioria, mulheres, escravos e crianças) que não podiam participar da vida na pólis. Vem daí o radical da palavra "idiota". Uma pessoa que não pode tomar parte na discussão pública e que deve permanecer no *oikós*, termo grego usado para designar "casa".

Aceitemos tudo que nos ensinam os antigos. Mas aceitemos também que na vida de cada um de nós tem um pouco de tudo. Se a vida na pólis é muito mais importante do que em outros espaços de interação, impossível abrir mão destes últimos para viver. Urge, portanto, considerá-los e protegê-los.

Se você acha que dá para viver sem privacidade, não feche mais as portas. Elimine-as. Para defecar, masturbar-se ou copular. E abra mão de senhas. Para que todos tenham finalmente acesso a tudo. E que você se torne, para o aplauso de invasores, definitivamente transparente.

"Aí, não", você pondera. "Não precisa exagerar."

O fato de termos que buscar uma redefinição das fronteiras entre a vida pública e a privada não quer dizer que vale tudo. Que toda conduta é passível de receber uma opinião, uma qualificação, e circular travestida de verdade pública. Certos comportamentos e condutas sempre precisarão de privacidade. Ainda que em doses mínimas. Assim como as reputações sempre serão construídas à luz da vida pública.

A FILHA DO SENADOR

Dos gregos até o século XIX, pouca reflexão encontramos sobre a questão da vida privada como um elemento reputacional. Tudo começa a mudar bastante por volta de 1890, quando Louis Brandeis e Samuel Warren publicam um artigo no *Harvard*

Law Review. Um dos mais prestigiosos jornais científicos do campo do direito.

Com o título de "O direito à privacidade", os autores propuseram pela primeira vez que a privacidade fosse um direito. "Direito de ser deixado só." Direito a que não te encham o saco. Ou de ser deixado em paz.

Eram tempos de revoluções industriais. De novos planos urbanísticos. Que alteraram radicalmente as principais cidades do mundo — Paris, Barcelona, Londres, Boston, Rio de Janeiro.

E, sobretudo, de novas tecnologias de comunicação.

Se você está pensando no impacto que WhatsApp, Tinder ou Facebook teve na sua vida, imagine o desembarque da mídia de massa no final do século XIX. Pensemos no jornalismo, na fotografia. Suponha o que seria ter seu nome e sua foto estampados em uma página de um jornal lá por volta de 1890. Não espanta que o início da produção jurídica sobre privacidade date dessa época.

Fazendo arqueologia do saber, a motivação inicial para refletir sobre o tema foi também de natureza bem pessoal. Samuel Warren contraiu matrimônio com a filha de um importante senador de Boston. E tinha hábitos comprometedores para a reputação de um político conservador como o seu sogro. Pelas noites, costumava frequentar locais de moralidade distraída. Onde eram servidas bebidas escocesas de alto teor etílico. E exibiam-se moçoilas com exígua vestimenta.

Esse entretenimento de Warren, um advogado que não exercia nenhuma função pública, atraía a atenção da imprensa local. Pelo simples fato de ser casado com quem era. A esposa, por sua vez, tampouco ocupava qualquer função pública. E não se sabe ao certo em que medida se opunha aos hábitos do marido.

A pesquisadora Amy Gajda, da Faculdade de Jornalismo e Direito da Universidade de Illinois, se perguntou, em um famoso artigo publicado em 2007, o que seria do direito à privacidade se Warren não tivesse se casado com a filha do senador.

Cansado de se ver estampado nas colunas sociais, Warren encontrou na parceria com Louis Brandeis, um dos juristas norte-americanos mais prestigiosos, a oportunidade para dar uma contundente resposta ao moralismo vigente. Todos teríamos o direito de ficar a sós. Protegidos do olhar público. Sempre e quando isso em nada interferisse na coisa pública.

Em contrapartida, surge, ao mesmo tempo, a obrigação de prestar contas para todos e todas que ocupem qualquer função pública. Ou tenham relações com a coisa dita pública. Vem daí o tal princípio da transparência. Faça de tal maneira que todos possam saber de tudo o tempo inteiro e em qualquer lugar.

Transparência convertida em direito do outro. De ver do outro lado. De perceber tudo. De saber tudo que está rolando. Convertendo um mundo numa "casa de vidro". Mas esse é tema para outra conversa. A nossa acaba aqui.

COMPLETAMENTE INÚTIL

Acaba como começou. Papo leve e inconsequente. Que, esperamos, tenha proporcionado algum instante de leitura agradável. Só neste caso teremos alcançado nossa meta.

Afinal, assumindo-se inútil desde o princípio, a este livro só restava mesmo valer pelo momento. Em cada uma de suas lições. Página a página. Fazendo sorrir. Rir, quem sabe. Curtir os exemplos. Permitir pensar nas ideias. Sem mais. Em instantes que se bastam. Que prescindem de quaisquer outros para se justificar.

Vida na leitura. Nesta aqui. Que não precisou de nenhuma outra para assumir seu valor. Completamente inútil, portanto.

Só isso!

REFERÊNCIAS

LIVROS E ARTIGOS

ASSIS, Machado de. *Capitu*. 1899. Disponível em: www.dominiopublico.gov.br/download/texto/ua000194.pdf. Acesso em: 27 dez. 2018.

BRANDEIS, Louis; WARREN, Samuel. "The Right to Privacy". *Harvard Law Review*, v. 4, n. 5, p. 193-220, 15 dez. 1890.

BURGAN, Michael. *Who was Theodore Roosevelt?* Nova York: Penguin, 2014.

CAMUS, Albert. *Les Justes*. Paris: Gallimard, 2017.

CORTINA, Adela. *Ética sem moral*. São Paulo: Martins Fontes, 2010.

FEHRENBACHER, Don E.; FEHRENBACHER, Virginia (Org.). *Recollected Words of Abraham Lincoln*. Stanford: Stanford University Press, 1996.

DOSTOIÉVSKI, Fiódor. *Os irmãos Karamázov*. Tradução de Paulo Bezerra. São Paulo: Editora 34, 2012.

DURKHEIM, Émile. *As regras do método sociológico*. São Paulo: Martins Fontes, 2014.

ENGELMANN, J.M. et al. "Young Children Care More About Their Reputation with Ingroup Members and Potential reciprocators". *Developmental Science*, v. 16, n. 6, 2013, p. 952-958.

ESS, Charles. *Digital Media Ethics*. 2. ed. Cambridge: Polity Press, 2014.

GAJDA, Amy. "What if Samuel D. Warren Hadn't Married a Senator's Daughter?: Uncovering the Press Coverage That Led to The Right To Privacy". *Michigan State Law Review*, v. 35, 2008.

MANSON, Mark. *A sutil arte de ligar o foda-se*. Rio de Janeiro: Intrínseca, 2017.

MARTÍN-BARBERO, Jesús. *Dos meios às mediações*. Rio de Janeiro: UFRJ, 2009.

MORIN, Edgar. *O método 6 — Ética*. Porto alegre: Sulina, 2004.

NIETZSCHE, Friedrich. *A gaia ciência*. Tradução de Paulo César de Souza. São Paulo: Companhia das Letras, 2017.

NUNES MARTINS, José Luís. *Os infinitos do amor*. Apelação (Portugal): Paulus, 2015.

PALACIO, Raquel Jaramillo. *Extraordinário*. Tradução de Rachel Agavino. Rio de Janeiro: Intrínseca, 2013.

PESSOA, Fernando. *Alguma prosa*. Rio de Janeiro: Nova Aguilar, 1976.

QUEIROZ, Rachel de. *Um alpendre, uma rede, um açude:* 100 crônicas escolhidas. São Paulo: Siciliano, 1994.

RAMOS, Graciliano. *Vidas secas*. Rio de Janeiro: José Olympio, 1938.

SHAKESPEARE, William. *Muito barulho por nada*. Tradução de Beatriz Viégas-Faria. Porto Alegre: L&PM, 2002.

SILVER, Ike M.; SHAW, Alex. "Pint-Sized Public Relations: the Development of Reputation Management". *Trends in Cognitive Sciences*, v. 22, n. 4, abril de 2018, p. 227-229. Disponível em: www.sciencedirect.com/science/article/pii/S1364661318300196. Acesso em: 7 fev. 2019.

SOLOVE, Daniel J. *The Future of Reputation*. New Haven (CT): Yale University Press, 2007.

MÚSICAS

BEIJA-FLOR, Neguinho da. "Malandro é malandro, mané é mané". In: *Vida no peito*. Top Tape, 1980.

KRIEGER, Eduardo; CAVALCANTI, João. "Ponto de vista". In: CASUARINA. *Trilhos — Terra Firme*. Warner Music, 2011.

PAZ, Alberto; MENEZES, Edson. "Deixa isso pra lá". In: RODRIGUES, Jair. *Vou de samba com você*. Companhia Brasileira de Discos, 1964.

FILMES E SÉRIES

A PRAÇA é nossa. Direção: Marcelo de Nóbrega. Produção: Edimilson Gatti; Moacir Firmino; Karen Di Tullio; Natália Lima. Roteiro: Manuel de Nóbrega; Carlos Alberto de Nóbrega. São Paulo: SBT, 1987-presente. *Sitcom*, 70 min, color.

A PROPOSTA. Direção: Anne Fletcher. Produção: Todd Lieberman; David Hoberman; Kristin Burr. Roteiro: Peter Chiarelli. Estados Unidos: Touchstone Pictures; Mandeville Films; K/O Paper Products, 2009. 108 min, color.

ESCOLINHA do Professor Raimundo. Direção: Cininha de Paula; Paulo Ghelli; Cassiano Filho; Alex Cabral. Roteiro: Haroldo Barbosa; Chico Anysio. Rio de Janeiro: Rede Globo, 1990-1995; 2001-atual. *Sitcom*, 30-40 min, color.

EXTRAORDINÁRIO. Direção: Stephen Chbosky. Produção: Scotty Curlee; Stephan Schultze. Roteiro: Stephen Chbosky; Steve Conrad; Jack Thorne; R. J. Palacio. Estados Unidos; Hong Kong: Lionsgate; Mandeville Films; Participant Media; Walden Media, 2017. 113 min, color.

LA CASA de Las Flores. Direção: Manolo Caro. Produção: Manolo Caro. Roteiro: Manolo Caro; Mara Vargas Jackson;

Monika Revilla; Gabriel Nuncio. México: Netflix, 2018-atual. Série, 60 min, color.

NOSEDIVE. Direção: Joe Wright. Produção: Laurie Borg. Roteiro: Rashida Jones; Michael Schur; Charlie Brookerda. Reino Unido: House of Tomorrow, 2016. 63 min, color. Episódio da série *Black Mirror*.

O SHOW de Truman. Direção: Peter Weir. Produção: Scott Rudin; Andrew Niccol; Edward S. Feldman; Adam Schroeder. Estados Unidos: Paramount Pictures; Scott Rudin Productions, 1998. 103 min, color.

OS OITO odiados. Direção: Quentin Tarantino. Produção: Richard N. Gladstein; Shannon McIntosh; Stacey Sher. Roteiro: Quentin Tarantino. Estados Unidos: Visiona Romantica; Double Feature Films; FilmColony, 2016. 168 min, color.

UM LUGAR chamado Notting Hill. Direção: Roger Michell. Produção: Duncan Kenworthy. Roteiro: Richard Curtis. Reino Unido; Estados Unidos: Polygram Filmed Entertainment; Working Title Films; Bookshop Productions; Notting Hill Pictures, 1999. 124 min, color.

Este livro foi impresso em 2019, pela
Santa Marta, para a HarperCollins Brasil. A fonte
usada no miolo é Janson Text LT Std. O papel
do miolo é Pólen 80g/m².